GRAPHYCO BÜCHER

Veröffentlicht von Graphyco Klassiker

INHALT

I. Bewußtsein und Unbewußtes

In diesem einleitenden Abschnitt ist nichts Neues zu sagen und die Wiederholung von früher oft Gesagtem nicht zu vermeiden.

Die Unterscheidung des Psychischen in Bewußtes und Unbewußtes ist die Grundvoraussetzung der Psychoanalyse und gibt ihr allein die Möglichkeit, die ebenso häufigen als wichtigen pathologischen Vorgänge im Seelenleben zu verstehen, der Wissenschaft einzuordnen. Nochmals und anders gesagt: Die Psychoanalyse kann das Wesen des Psychischen nicht ins Bewußtsein verlegen, sondern muß das Bewußtsein als eine Qualität des Psychischen ansehen, die zu anderen Qualitäten hinzukommen oder wegbleiben mag.

Wenn ich mir vorstellen könnte, daß alle an der Psychologie Interessierten diese Schrift lesen werden, so wäre ich auch darauf vorbereitet, daß schon an dieser Stelle ein Teil der Leser haltmacht und nicht weiter mitgeht, denn hier ist das erste Schibboleth der Psychoanalyse. Den meisten philosophisch Gebildeten ist die Idee eines Psychischen, das nicht auch bewußt ist, so unfaßbar, daß sie ihnen absurd und durch bloße Logik abweisbar erscheint. Ich glaube, dies kommt nur daher, daß sie die betreffenden Phänomene der Hypnose und des Traumes, welche – vom Pathologischen ganz abgesehen – zu solcher Auffassung zwingen, nie studiert haben. Ihre Bewußtseinspsychologie ist aber auch unfähig, die Probleme des Traumes und der Hypnose zu lösen.

Bewußt sein ist zunächst ein rein deskriptiver Terminus, der sich auf die unmittelbarste und sicherste Wahrnehmung beruft. Die Erfahrung zeigt uns dann, daß ein psychisches Element, zum Beispiel eine Vorstellung, gewöhnlich nicht dauernd bewußt ist. Es ist vielmehr charakteristisch, daß der Zustand des Bewußtseins rasch vorübergeht; die jetzt bewußte Vorstellung ist es im nächsten Moment nicht mehr, allein sie kann es unter gewissen leicht hergestellten Bedingungen wieder werden. Inzwischen war sie, wir wissen nicht was; wir können sagen, sie sei *latent* gewesen, und meinen dabei, daß sie jederzeit *bewußtseinsfähig* war. Auch wenn wir sagen, sie sei *unbewußt* gewesen, haben wir eine korrekte Beschreibung gegeben. Dieses Unbewußt fällt dann mit latent-bewußtseinsfähig zusammen. Die Philosophen würden uns zwar einwerfen: »Nein, der Terminus unbewußt hat hier keine Anwendung, solange die Vorstellung im Zustand der Latenz war, war sie überhaupt nichts Psychisches.« Würden wir ihnen schon an dieser Stelle widersprechen, so gerieten wir in einen Wortstreit, aus dem sich nichts gewinnen ließe.

Wir sind aber zum Terminus oder Begriff des Unbewußten auf einem anderen Weg gekommen, durch Verarbeitung von Erfahrungen, in denen die seelische *Dynamik* eine Rolle spielt. Wir haben erfahren, das heißt annehmen müssen, daß es sehr starke seelische Vorgänge oder Vorstellungen gibt – hier kommt zuerst ein quantitatives, also ökonomisches Moment in Betracht –, die alle Folgen für das Seelenleben haben können wie sonstige Vorstellungen, auch solche Folgen, die wiederum als Vorstellungen bewußt werden können, nur werden sie selbst nicht bewußt. Es ist nicht nötig, hier ausführlich zu wiederholen, was schon so oft dargestellt worden ist. Genug, an dieser Stelle setzt die psychoanalytische Theorie ein und behauptet, daß solche Vorstellungen nicht bewußt sein können, weil eine gewisse Kraft sich dem widersetzt, daß sie sonst bewußt werden könnten und daß man dann sehen würde, wie wenig sie sich von anderen anerkannten psychischen Elementen unterscheiden. Diese Theorie wird dadurch unwiderleglich, daß sich in der psychoanalytischen Technik Mittel gefunden haben, mit deren Hilfe man die widerstrebende Kraft aufheben und die betreffenden Vorstellungen bewußtmachen kann. Den Zustand, in dem diese sich vor der Bewußtmachung befanden, heißen wir *Verdrängung*, und die Kraft, welche die Verdrängung herbeigeführt und aufrechtgehalten hat, behaupten wir während der analytischen Arbeit als *Widerstand* zu verspüren.

Unseren Begriff des Unbewußten gewinnen wir also aus der Lehre von der Verdrängung. Das Verdrängte ist uns das Vorbild des Unbewußten. Wir sehen aber, daß wir zweierlei Unbewußtes haben, das latente, doch bewußtseinsfähige, und das Verdrängte, an sich und ohne weiteres nicht bewußtseinsfähige. Unser Einblick in die psychische Dynamik kann nicht ohne Einfluß auf Nomenklatur und Beschreibung bleiben. Wir heißen das Latente, das nur deskriptiv unbewußt ist, nicht im dynamischen Sinne, *vorbewußt*; den Namen *unbewußt* beschränken wir auf das dynamisch unbewußte Verdrängte, so daß wir jetzt drei Termini haben, bewußt (*bw*), vorbewußt (*vbw*) und unbewußt (*ubw*), deren Sinn nicht mehr rein deskriptiv ist. Das *Vbw*, nehmen wir an, steht dem *Bw* viel näher als das *Ubw*, und da wir das *Ubw* psychisch geheißen haben, werden wir es beim latenten *Vbw* um so unbedenklicher tun. Warum wollen wir aber nicht lieber im Einvernehmen mit den Philosophen bleiben und das *Vbw* wie das *Ubw* konsequenterweise vom bewußten Psychischen trennen? Die Philosophen würden uns dann vorschlagen, das *Vbw* wie das *Ubw* als zwei Arten oder Stufen des *Psychoiden* zu beschreiben, und die Einigkeit wäre hergestellt. Aber unendliche Schwierigkeiten in der Darstellung wären die Folge davon, und die einzig wichtige Tatsache, daß diese Psychoide fast in allen anderen Punkten mit dem anerkannt Psychischen übereinstimmen, wäre zugunsten eines Vorurteils in den Hintergrund gedrängt, eines Vorurteils, das aus der Zeit stammt, da man diese Psychoide oder das Bedeutsamste von ihnen noch nicht kannte.

Nun können wir mit unseren drei Termini, *bw, vbw* und *ubw*, bequem wirtschaften, wenn wir nur nicht vergessen, daß es im deskriptiven Sinne zweierlei Unbewußtes gibt, im dynamischen aber nur eines. Für manche Zwecke der Darstellung kann man diese Unterscheidung vernachlässigen, für andere ist sie natürlich unentbehrlich. Wir haben uns immerhin an diese Zweideutigkeit des Unbewußten ziemlich gewöhnt und sind gut mit ihr ausgekommen. Vermeiden läßt sie sich, soweit ich sehen kann, nicht; die Unterscheidung zwischen Bewußtem und Unbewußtem ist schließlich eine Frage der Wahrnehmung, die mit Ja oder Nein zu beantworten ist, und der Akt der Wahrnehmung selbst gibt keine Auskunft darüber, aus welchem Grund etwas wahrgenommen wird oder nicht wahrgenommen wird. Man darf sich nicht darüber beklagen, daß das Dynamische in der Erscheinung nur einen zweideutigen Ausdruck findet

Soweit die Entscheidung in einer solchen entweder von der Konvention oder von Gefühlsmomenten abhängigen Frage durch Argumente beeinflußt werden kann, läßt sich hiezu folgendes bemerken: Der Hinweis auf eine Deutlichkeitsskala der Bewußtheit hat nichts Verbindliches und nicht mehr Beweiskraft als etwa die analogen Sätze: »Es gibt so viel Abstufungen der Beleuchtung vom grellsten, blendenden Licht bis zum matten Lichtschimmer, folglich gibt es überhaupt keine Dunkelheit.« Oder: »Es gibt verschiedene Grade von Vitalität, folglich gibt es keinen Tod.« Diese Sätze mögen ja in einer gewissen Weise sinnreich sein, aber sie sind praktisch verwerflich, wie sich herausstellt, wenn man bestimmte Folgerungen von ihnen ableiten will, zum Beispiel: »also braucht man kein Licht anzustecken«, oder: »also sind alle Organismen unsterblich«. Ferner erreicht man durch die Subsumierung des Unmerklichen unter das Bewußte nichts anderes, als daß man sich die einzige unmittelbare Sicherheit verdirbt, die es im Psychischen überhaupt gibt. Ein Bewußtsein, von dem man nichts weiß, scheint mir doch um vieles absurder als ein unbewußtes Seelisches. Endlich ist solche Angleichung des Unbemerkten an das Unbewußte offenbar ohne Rücksicht auf die dynamischen Verhältnisse versucht worden, welche für die psychoanalytische Auffassung maßgebend waren. Denn zwei Tatsachen werden dabei vernachlässigt; erstens, daß es sehr schwierig ist, großer Anstrengung bedarf, um einem solchen Unbemerkten genug Aufmerksamkeit zuzuführen, und zweitens, daß, wenn dies gelungen ist, das vordem Unbemerkte jetzt nicht vom Bewußtsein erkannt wird, sondern oft genug ihm völlig fremd, gegensätzlich erscheint und von ihm schroff abgelehnt wird. Der Rekurs vom Unbewußten auf das wenig Bemerkte und nicht Bemerkte ist also doch nur ein Abkömmling des Vorurteils, dem die Identität des Psychischen mit dem Bewußten ein für allemal feststeht.

.

Im weiteren Verlauf der psychoanalytischen Arbeit stellt sich aber heraus, daß auch diese Unterscheidungen unzulänglich, praktisch insuffizient sind. Unter den Situationen, die das zeigen, sei folgende als die entscheidende hervorgehoben. Wir haben uns die Vorstellung von einer zusammenhängenden Organisation der seelischen Vorgänge in einer Person gebildet und heißen diese das *Ich* derselben. An diesem Ich hängt das Bewußtsein, es beherrscht die Zugänge zur Motilität, das ist: zur Abfuhr der Erregungen in die Außenwelt; es ist diejenige seelische Instanz, welche eine Kontrolle über all ihre Partialvorgänge ausübt, welche zur Nachtzeit schlafen geht und dann immer noch die Traumzensur handhabt. Von diesem Ich gehen auch die Verdrängungen aus, durch welche gewisse seelische Strebungen nicht nur vom Bewußtsein, sondern auch von den anderen Arten der Geltung und Betätigung ausgeschlossen werden sollen. Dies durch die Verdrängung Beseitigte stellt sich in der Analyse dem Ich gegenüber, und es wird der Analyse die Aufgabe gestellt, die Widerstände aufzuheben, die das Ich gegen die Beschäftigung mit dem Verdrängten äußert. Nun machen wir während der Analyse die Beobachtung, daß der Kranke in Schwierigkeiten gerät, wenn wir ihm gewisse Aufgaben stellen; seine Assoziationen versagen, wenn sie sich dem Verdrängten annähern sollen. Wir sagen ihm dann, er stehe unter der Herrschaft eines Widerstandes, aber er weiß nichts davon, und selbst wenn er aus seinen Unlustgefühlen erraten sollte, daß jetzt ein Widerstand in ihm wirkt, so weiß er ihn nicht zu benennen und anzugeben. Da aber dieser Widerstand sicherlich von seinem Ich ausgeht und diesem angehört, so stehen wir vor einer unvorhergesehenen Situation. Wir haben im Ich selbst etwas gefunden, was auch unbewußt ist, sich geradeso benimmt wie das Verdrängte, das heißt starke Wirkungen äußert, ohne selbst bewußt zu werden, und zu dessen Bewußtmachung es einer besonderen Arbeit bedarf. Die Folge dieser Erfahrung für die analytische Praxis ist, daß wir in unendlich viele Undeutlichkeiten und Schwierigkeiten geraten, wenn wir an unserer gewohnten Ausdrucksweise festhalten und zum Beispiel die Neurose auf einen Konflikt zwischen dem Bewußten und dem Unbewußten zurückführen wollen. Wir müssen für diesen Gegensatz aus unserer Einsicht in die strukturellen Verhältnisse des Seelenlebens einen anderen einsetzen: den zwischen dem zusammenhängenden Ich und dem von ihm abgespaltenen Verdrängten.

Die Folgen für unsere Auffassung des Unbewußten sind aber noch bedeutsamer. Die dynamische Betrachtung hatte uns die erste Korrektur gebracht, die strukturelle Einsicht bringt uns die zweite. Wir erkennen, daß das *Ubw* nicht mit dem Verdrängten zusammenfällt; es bleibt richtig, daß alles Verdrängte *ubw* ist, aber nicht alles *Ubw* ist auch verdrängt. Auch ein Teil des Ichs, ein Gott weiß wie wichtiger Teil des Ichs, kann *ubw* sein, ist sicherlich *ubw*. Und dies *Ubw* des Ichs ist nicht latent im Sinne des *Vbw*, sonst dürfte es nicht aktiviert werden, ohne *bw* zu werden, und seine Bewußtmachung dürfte nicht so große Schwierigkeiten bereiten. Wenn wir uns so vor der Nötigung sehen, ein drittes, nicht verdrängtes *Ubw* aufzustellen, so müssen wir zugestehen, daß der Charakter des Unbewußtseins für uns an Bedeutung verliert. Er wird zu einer vieldeutigen Qualität, die nicht die weitgehenden und ausschließenden Folgerungen gestattet, für welche wir ihn gerne verwertet hätten. Doch müssen wir uns hüten, ihn zu vernachlässigen, denn schließlich ist die Eigenschaft bewußt oder nicht die einzige Leuchte im Dunkel der Tiefenpsychologie.

II. Das Ich und das Es

Die pathologische Forschung hat unser Interesse allzu ausschließlich auf das Verdrängte gerichtet. Wir möchten mehr vom Ich erfahren, seitdem wir wissen, daß auch das Ich unbewußt im eigentlichen Sinne sein kann. Unser einziger Anhalt während unserer Untersuchungen war bisher das Kennzeichen des Bewußt- oder Unbewußtseins; zuletzt haben wir gesehen, wie vieldeutig dies sein kann.

Nun ist all unser Wissen immer an das Bewußtsein gebunden. Auch das *Ubw* können wir nur dadurch kennenlernen, daß wir es bewußtmachen. Aber halt, wie ist das möglich? Was heißt: etwas bewußtmachen? Wie kann das vor sich gehen?

Wir wissen schon, wo wir hiefür anzuknüpfen haben. Wir haben gesagt, das Bewußtsein ist die *Oberfläche* des seelischen Apparates, das heißt, wir haben es einem System als Funktion zugeschrieben, welches räumlich das erste von der Außenwelt her ist. Räumlich übrigens nicht nur im Sinne der Funktion, sondern diesmal auch im Sinne der anatomischen Zergliederung. Auch unser Forschen muß diese wahrnehmende Oberfläche zum Ausgang nehmen.

Von vornherein *bw* sind alle Wahrnehmungen, die von außen herankommen (Sinneswahrnehmungen), und von innen her, was wir Empfindungen und Gefühle heißen. Wie aber ist es mit jenen inneren Vorgängen, die wir etwa – roh und ungenau – als Denkvorgänge zusammenfassen können? Kommen sie, die sich irgendwo im Innern des Apparates als Verschiebungen seelischer Energie auf dem Wege zur Handlung vollziehen, an die Oberfläche, die das Bewußtsein entstehen läßt, heran? Oder kommt das Bewußtsein zu ihnen? Wir merken, das ist eine von den Schwierigkeiten, die sich ergeben, wenn man mit der räumlichen, *topischen* Vorstellung des seelischen Geschehens Ernst machen will. Beide Möglichkeiten sind gleich unausdenkbar, es müßte etwas Drittes der Fall sein.

An einer anderen Stellehabe ich schon die Annahme gemacht, daß der wirkliche Unterschied einer *ubw* von einer *vbw* Vorstellung (einem Gedanken) darin besteht, daß die erstere sich an irgendwelchem Material, das unerkannt bleibt, vollzieht, während bei der letzteren (der *vbw*) die Verbindung mit *Wortvorstellungen* hinzukommt. Hier ist zuerst der Versuch gemacht, für die beiden Systeme *Vbw* und *Ubw* Kennzeichen anzugeben, die anders sind als die Beziehung zum Bewußtsein. Die Frage: »Wie wird etwas bewußt?« lautet also zweckmäßiger: »Wie wird etwas vorbewußt?« Und die Antwort wäre: »Durch Verbindung mit den entsprechenden Wortvorstellungen.«

Diese Wortvorstellungen sind Erinnerungsreste, sie waren einmal Wahrnehmungen und können wie alle Erinnerungsreste wieder bewußt werden. Ehe wir noch weiter von ihrer Natur handeln, dämmert uns wie eine neue Einsicht auf: bewußt werden kann nur das, was schon einmal *bw* Wahrnehmung war, und was außer Gefühlen von innen her bewußt werden will, muß versuchen, sich in äußere Wahrnehmungen umzusetzen. Dies wird mittels der Erinnerungsspuren möglich.

Die Erinnerungsreste denken wir uns in Systemen enthalten, welche unmittelbar an das System *W-Bw* anstoßen, so daß ihre Besetzungen sich leicht auf die Elemente dieses Systems von innen her fortsetzen können. Man denkt hier sofort an die Halluzination und an die Tatsache, daß die lebhafteste Erinnerung immer noch von der Halluzination wie von der äußeren Wahrnehmung unterschieden wird, allein ebenso rasch stellt sich die Auskunft ein, daß bei der Wiederbelebung einer Erinnerung die Besetzung im Erinnerungssystem erhalten bleibt, während die von der Wahrnehmung nicht unterscheidbare Halluzination entstehen mag, wenn die Besetzung nicht nur von der Erinnerungsspur auf das *W*-Element übergreift, sondern völlig auf dasselbe übergeht.

Die Wortreste stammen wesentlich von akustischen Wahrnehmungen ab, so daß hiedurch gleichsam ein besonderer Sinnesursprung für das System *Vbw* gegeben ist. Die visuellen

Bestandteile der Wortvorstellung kann man als sekundär, durch Lesen erworben, zunächst vernachlässigen und ebenso die Bewegungsbilder des Wortes, die außer bei Taubstummen die Rolle von unterstützenden Zeichen spielen. Das Wort ist doch eigentlich der Erinnerungsrest des gehörten Wortes.

Es darf uns nicht beifallen, etwa der Vereinfachung zuliebe, die Bedeutung der optischen Erinnerungsreste – von den Dingen – zu vergessen, oder zu verleugnen, daß ein Bewußtwerden der Denkvorgänge durch Rückkehr zu den visuellen Resten möglich ist und bei vielen Personen bevorzugt scheint. Von der Eigenart dieses visuellen Denkens kann uns das Studium der Träume und der vorbewußten Phantasien nach den Beobachtungen J. Varendoncks eine Vorstellung geben. Man erfährt, daß dabei meist nur das konkrete Material des Gedankens bewußt wird, für die Relationen aber, die den Gedanken besonders kennzeichnen, ein visueller Ausdruck nicht gegeben werden kann. Das Denken in Bildern ist also ein nur sehr unvollkommenes Bewußtwerden. Es steht auch irgendwie den unbewußten Vorgängen näher als das Denken in Worten und ist unzweifelhaft onto- wie phylogenetisch älter als dieses.

Wenn also, um zu unserem Argument zurückzukehren, dies der Weg ist, wie etwas an sich Unbewußtes vorbewußt wird, so ist die Frage, wie machen wir etwas Verdrängtes (vor)bewußt, zu beantworten: indem wir solche *vbw* Mittelglieder durch die analytische Arbeit herstellen. Das Bewußtsein verbleibt also an seiner Stelle, aber auch das *Vbw* ist nicht etwa zum *Bw* aufgestiegen.

Während die Beziehung der äußeren Wahrnehmung zum Ich ganz offenkundig ist, fordert die der inneren Wahrnehmung zum Ich eine besondere Untersuchung heraus. Sie läßt noch einmal den Zweifel auftauchen, ob man wirklich recht daran tut, alles Bewußtsein auf das eine oberflächliche System *W-Bw* zu beziehen.

Die innere Wahrnehmung ergibt Empfindungen von Vorgängen aus den verschiedensten, gewiß auch tiefsten Schichten des seelischen Apparates. Sie sind schlecht gekannt, als ihr bestes Muster können noch die der Lust-Unlustreihe gelten. Sie sind ursprünglicher, elementarer als die von außen stammenden, können noch in Zuständen getrübten Bewußtseins zustande kommen. Über ihre größere ökonomische Bedeutung und deren metapsychologische Begründung habe ich mich an anderer Stelle geäußert. Diese Empfindungen sind multilokular wie die äußeren Wahrnehmungen, können gleichzeitig von verschiedenen Stellen kommen und dabei verschiedene, auch entgegengesetzte Qualitäten haben.

Die Empfindungen mit Lustcharakter haben nichts Drängendes an sich, dagegen im höchsten Grad die Unlustempfindungen. Diese drängen auf Veränderung, auf Abfuhr, und darum deuten wir die Unlust auf eine Erhöhung, die Lust auf eine Erniedrigung der Energiebesetzung. Nennen wir das, was als Lust und Unlust bewußt wird, ein quantitativ-qualitativ Anderes im seelischen Ablauf, so ist die Frage, ob ein solches Anderes an Ort und Stelle bewußt werden kann oder bis zum System W fortgeleitet werden muß.

Die klinische Erfahrung entscheidet für das letztere. Sie zeigt, daß dies Andere sich verhält wie eine verdrängte Regung. Es kann treibende Kräfte entfalten, ohne daß das Ich den Zwang bemerkt. Erst Widerstand gegen den Zwang, Aufhalten der Abfuhrreaktion macht dieses Andere sofort als Unlust bewußt. Ebenso wie Bedürfnisspannungen, kann auch der Schmerz unbewußt bleiben, dies Mittelding zwischen äußerer und innerer Wahrnehmung, der sich wie eine innere Wahrnehmung verhält, auch wo er aus der Außenwelt stammt. Es bleibt also richtig, daß auch Empfindungen und Gefühle nur durch Anlangen an das System W bewußt werden; ist die Fortleitung gesperrt, so kommen sie nicht als Empfindungen zustande, obwohl das ihnen entsprechende Andere im Erregungsablauf dasselbe ist. Abgekürzter, nicht ganz korrekterweise sprechen wir dann von *unbewußten Empfindungen*, halten die Analogie mit unbewußten Vorstellungen fest, die nicht ganz gerechtfertigt ist. Der Unterschied ist nämlich, daß für die *ubw* Vorstellung erst Verbindungsglieder geschaffen werden müssen, um sie zum *Bw* zu bringen, während dies für die Empfindungen, die sich direkt fortleiten, entfällt. Mit anderen Worten: Die Unterscheidung von *Bw* und *Vbw* hat für die Empfindungen keinen Sinn, das *Vbw* fällt hier aus, Empfindungen sind entweder bewußt oder unbewußt. Auch wenn sie an Wortvorstellungen gebunden werden, danken sie nicht diesen ihr Bewußtwerden, sondern sie werden es direkt.

Die Rolle der Wortvorstellungen wird nun vollends klar. Durch ihre Vermittlung werden die inneren Denkvorgänge zu Wahrnehmungen gemacht. Es ist, als sollte der Satz erwiesen werden: Alles Wissen stammt aus der äußeren Wahrnehmung. Bei einer Überbesetzung des Denkens werden die Gedanken wirklich – wie von außen – wahrgenommen und darum für wahr gehalten.

Nach dieser Klärung der Beziehungen zwischen äußerer und innerer Wahrnehmung und dem Oberflächensystem *W-Bw* können wir darangehen, unsere Vorstellung vom Ich auszubauen. Wir sehen es vom System *W* als seinem Kern ausgehen und zunächst das *Vbw*, das sich an die Erinnerungsreste anlehnt, umfassen. Das Ich ist aber auch, wie wir erfahren haben, unbewußt.

Nun meine ich, wir werden großen Vorteil davon haben, wenn wir der Anregung eines Autors folgen, der vergebens aus persönlichen Motiven beteuert, er habe mit der gestrengen, hohen Wissenschaft nichts zu tun. Ich meine G. Groddeck, der immer wieder betont, daß das, was wir unser Ich heißen, sich im Leben wesentlich passiv verhält, daß wir nach seinem Ausdruck »gelebt« werden von unbekannten, unbeherrschbaren Mächten. Wir haben alle dieselben Eindrücke empfangen, wenngleich sie uns nicht bis zum Ausschluß aller anderen überwältigt haben, und verzagen nicht daran, der Einsicht Groddecks ihre Stelle in dem Gefüge der Wissenschaft anzuweisen. Ich schlage vor, ihr Rechnung zu tragen, indem wir das vom System *W* ausgehende Wesen, das zunächst *vbw* ist, das *Ich* heißen, das andere Psychische aber, in welches es sich fortsetzt und das sich wie *ubw* verhält, nach Groddecks Gebrauch das *Es*.

Wir werden bald sehen, ob wir aus dieser Auffassung Nutzen für Beschreibung und Verständnis ziehen können. Ein Individuum ist nun für uns ein psychisches Es, unerkannt und unbewußt, diesem sitzt das Ich oberflächlich auf, aus dem *W*-System als Kern entwickelt. Streben wir nach graphischer Darstellung, so werden wir hinzufügen, das Ich umhüllt das Es nicht ganz, sondern nur insoweit das System *W* dessen Oberfläche bildet, also etwa so wie die Keimscheibe dem Ei aufsitzt. Das Ich ist vom Es nicht scharf getrennt, es fließt nach unten hin mit ihm zusammen.

Aber auch das Verdrängte fließt mit dem Es zusammen, ist nur ein Teil von ihm. Das Verdrängte ist nur vom Ich durch die Verdrängungswiderstände scharf geschieden, durch das Es kann es mit ihm kommunizieren. Wir erkennen sofort, fast alle Sonderungen, die wir auf die Anregung der Pathologie hin beschrieben haben, beziehen sich nur auf die – uns allein bekannten – oberflächlichen Schichten des seelischen Apparates. Wir könnten von diesen Verhältnissen eine Zeichnung entwerfen, deren Konturen allerdings nur der Darstellung dienen, keine besondere Deutung beanspruchen sollen. Etwa fügen wir hinzu, daß das Ich eine »Hörkappe« trägt, nach dem Zeugnis der Gehirnanatomie nur auf einer Seite. Sie sitzt ihm sozusagen schief auf.

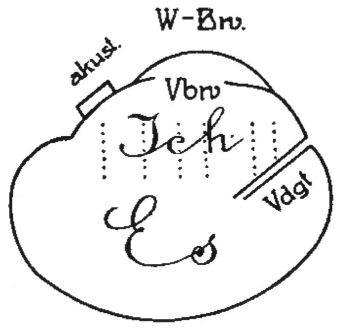

Es ist leicht einzusehen, das Ich ist der durch den direkten Einfluß der Außenwelt unter Vermittlung von *W-Bw* veränderte Teil des Es, gewissermaßen eine Fortsetzung der Oberflächendifferenzierung. Es bemüht sich auch, den Einfluß der Außenwelt auf das Es und seine Absichten zur Geltung zu bringen, ist bestrebt, das Realitätsprinzip an die Stelle des Lustprinzips zu setzen, welches im Es uneingeschränkt regiert. Die Wahrnehmung spielt für das Ich die Rolle, welche im Es dem Trieb zufällt. Das Ich repräsentiert, was man Vernunft und Besonnenheit nennen kann, im Gegensatz zum Es, welches die Leidenschaften enthält. Dies alles deckt sich mit allbekannten populären Unterscheidungen, ist aber auch nur als durchschnittlich oder ideell richtig zu verstehen.

Die funktionelle Wichtigkeit des Ichs kommt darin zum Ausdruck, daß ihm normalerweise die Herrschaft über die Zugänge zur Motilität eingeräumt ist. Es gleicht so im Verhältnis zum Es dem Reiter, der die überlegene Kraft des Pferdes zügeln soll, mit dem Unterschied, daß der Reiter dies mit eigenen Kräften versucht, das Ich mit geborgten. Dieses Gleichnis trägt ein Stück weiter. Wie dem Reiter, will er sich nicht vom Pferd trennen, oft nichts anderes übrigbleibt, als es dahin zu führen, wohin es gehen will, so pflegt auch das Ich den Willen des Es in Handlung umzusetzen, als ob es der eigene wäre.

Auf die Entstehung des Ichs und seine Absonderung vom Es scheint noch ein anderes Moment als der Einfluß des Systems *W* hingewirkt zu haben. Der eigene Körper und vor allem die Oberfläche desselben ist ein Ort, von dem gleichzeitig äußere und innere Wahrnehmungen ausgehen können. Er wird wie ein anderes Objekt gesehen, ergibt aber dem Getast zweierlei Empfindungen, von denen die eine einer inneren Wahrnehmung gleichkommen kann. Es ist in der Psychophysiologie hinreichend erörtert worden, auf welche Weise sich der eigene Körper aus der Wahrnehmungswelt heraushebt. Auch der Schmerz scheint dabei eine Rolle zu spielen, und die Art, wie man bei schmerzhaften Erkrankungen eine neue Kenntnis seiner Organe erwirbt, ist vielleicht vorbildlich für die Art, wie man überhaupt zur Vorstellung seines eigenen Körpers kommt.

Das Ich ist vor allem ein körperliches, es ist nicht nur ein Oberflächenwesen, sondern selbst die Projektion einer Oberfläche. Wenn man eine anatomische Analogie für dasselbe sucht, kann man es am ehesten mit dem »Gehirnmännchen« der Anatomen identifizieren, das in der Hirnrinde auf dem Kopf steht, die Fersen nach oben streckt, nach hinten schaut und, wie bekannt, links die Sprachzone trägt.

Das Verhältnis des Ichs zum Bewußtsein ist wiederholt gewürdigt worden, doch sind hier einige wichtige Tatsachen neu zu beschreiben. Gewöhnt, den Gesichtspunkt einer sozialen oder ethischen Wertung überallhin mitzunehmen, sind wir nicht überrascht zu hören, daß das Treiben der niedrigen Leidenschaften im Unbewußten vor sich geht, erwarten aber, daß die seelischen Funktionen um so leichter sicheren Zugang zum Bewußtsein finden, je höher sie in dieser Wertung angesetzt sind. Hier enttäuscht uns aber die psychoanalytische Erfahrung. Wir haben einerseits Belege dafür, daß selbst feine und schwierige intellektuelle Arbeit, die sonst angestrengtes Nachdenken erfordert, auch vorbewußt geleistet werden kann, ohne zum Bewußtsein zu kommen. Diese Fälle sind ganz unzweifelhaft, sie ereignen sich zum Beispiel im Schlafzustand und äußern sich darin, daß eine Person unmittelbar nach dem Erwachen die Lösung eines schwierigen mathematischen oder anderen Problems weiß, um das sie sich am Tage vorher vergeblich bemüht hatte.

Weit befremdender ist aber eine andere Erfahrung. Wir lernen in unseren Analysen, daß es Personen gibt, bei denen die Selbstkritik und das Gewissen, also überaus hochgewertete seelische Leistungen, unbewußt sind und als unbewußt die wichtigsten Wirkungen äußern; das Unbewußtbleiben des Widerstandes in der Analyse ist also keineswegs die einzige Situation dieser Art. Die neue Erfahrung aber, die uns nötigt, trotz unserer besseren kritischen Einsicht, von einem *unbewußten Schuldgefühl* zu reden, verwirrt uns weit mehr und gibt uns neue Rätsel auf, besonders wenn wir allmählich erraten, daß ein solches unbewußtes Schuldgefühl bei einer großen Anzahl von Neurosen eine ökonomisch entscheidende Rolle spielt und der Heilung die stärksten Hindernisse in den Weg legt. Wollen wir zu unserer Wertskala zurückkehren, so müssen wir sagen: Nicht nur das Tiefste, auch das Höchste am Ich kann unbewußt sein. Es ist, als würde uns auf diese Weise demonstriert, was wir vorhin vom bewußten Ich ausgesagt haben, es sei vor allem ein Körper-Ich.

III. Das Ich und das Über-Ich (Ichideal)

Wäre das Ich nur der durch den Einfluß des Wahrnehmungssystems modifizierte Anteil des Es, der Vertreter der realen Außenwelt im Seelischen, so hätten wir es mit einem einfachen Sachverhalt zu tun. Allein es kommt etwas anderes hinzu.

Die Motive, die uns bewogen haben, eine Stufe im Ich anzunehmen, eine Differenzierung innerhalb des Ichs, die *Ich-Ideal* oder *Über-Ich* zu nennen ist, sind an anderen Orten auseinandergesetzt worden. Sie bestehen zu Recht. Daß dieses

Stück des Ichs eine weniger feste Beziehung zum Bewußtsein hat, ist die Neuheit, die nach Erklärung verlangt.

Wir müssen hier etwas weiter ausgreifen. Es war uns gelungen, das schmerzhafte Leiden der Melancholie durch die Annahme aufzuklären, daß ein verlorenes Objekt im Ich wiederaufgerichtet, also eine Objektbesetzung durch eine Identifizierung abgelöst wird. Damals erkannten wir aber noch nicht die ganze Bedeutung dieses Vorganges und wußten nicht, wie häufig und typisch er ist. Wir haben seither verstanden, daß solche Ersetzung einen großen Anteil an der Gestaltung des Ichs hat und wesentlich dazu beiträgt, das herzustellen, was man seinen *Charakter* heißt.

Uranfänglich in der primitiven oralen Phase des Individuums sind Objektbesetzung und Identifizierung wohl nicht voneinander zu unterscheiden. Späterhin kann man nur annehmen, daß die Objektbesetzungen vom Es ausgehen, welches die erotischen Strebungen als Bedürfnisse empfindet. Das anfangs noch schwächliche Ich erhält von den Objektbesetzungen Kenntnis, läßt sie sich gefallen oder sucht sie durch den Prozeß der Verdrängung abzuwehren.

Soll oder muß ein solches Sexualobjekt aufgegeben werden, so tritt dafür nicht selten die Ichveränderung auf, die man als Aufrichtung des Objekts im Ich wie bei der Melancholie beschreiben muß; die näheren Verhältnisse dieser Ersetzung sind uns noch nicht bekannt. Vielleicht erleichtert oder ermöglicht das Ich durch diese Introjektion, die eine Art von Regression zum Mechanismus der oralen Phase ist, das Aufgeben des Objekts. Vielleicht ist diese Identifizierung überhaupt die Bedingung, unter der das Es seine Objekte aufgibt. Jedenfalls ist der Vorgang zumal in frühen Entwicklungsphasen ein sehr häufiger und kann die Auffassung ermöglichen, daß der Charakter des Ichs ein Niederschlag der aufgegebenen Objektbesetzungen ist, die Geschichte dieser Objektwahlen enthält. Es ist natürlich von vornherein eine Skala der Resistenzfähigkeit zuzugeben, inwieweit der Charakter einer Person diese Einflüsse aus der Geschichte der erotischen Objektwahlen abwehrt oder annimmt.

Bei Frauen, die viel Liebeserfahrungen gehabt haben, glaubt man, die Rückstände ihrer Objektbesetzungen in ihren Charakterzügen leicht nachweisen zu können. Auch eine Gleichzeitigkeit von Objektbesetzung und Identifizierung, also eine Charakterveränderung, ehe das Objekt aufgegeben worden ist, kommt in Betracht. In diesem Fall könnte die Charakterveränderung die Objektbeziehung überleben und sie in gewissem Sinne konservieren.

Ein anderer Gesichtspunkt besagt, daß diese Umsetzung einer erotischen Objektwahl in eine Ichveränderung auch ein Weg ist, wie das Ich das Es bemeistern und seine Beziehungen zu ihm vertiefen kann, allerdings auf Kosten einer weitgehenden Gefügigkeit gegen dessen Erlebnisse. Wenn das Ich die Züge des Objektes annimmt, drängt es sich sozusagen selbst dem Es als Liebesobjekt auf, sucht ihm seinen Verlust zu ersetzen, indem es sagt: »Sieh', du kannst auch mich lieben, ich bin dem Objekt so ähnlich.«

Die Umsetzung von Objektlibido in narzißtische Libido, die hier vor sich geht, bringt offenbar ein Aufgeben der Sexualziele, eine Desexualisierung mit sich, also eine Art von Sublimierung. Ja, es entsteht die eingehender Behandlung würdige Frage, ob dies nicht der allgemeine Weg zur Sublimierung ist, ob nicht alle Sublimierung durch die Vermittlung des Ichs vor sich geht, welches zunächst die sexuelle Objektlibido in narzißtische verwandelt, um ihr dann vielleicht ein anderes Ziel zu setzen. Ob diese Verwandlung nicht auch andere Triebschicksale zur Folge haben kann, zum Beispiel eine Entmischung der verschiedenen miteinander verschmolzenen Triebe herbeizuführen, wird uns noch später beschäftigen.

Es ist eine Abschweifung von unserem Ziel und doch nicht zu vermeiden, daß wir unsere Aufmerksamkeit für einen Moment bei den Objektidentifizierungen des Ichs verweilen lassen. Nehmen diese überhand, werden allzu zahlreich und überstark und miteinander unverträglich, so liegt ein pathologisches Ergebnis nahe. Es kann zu einer Aufsplitterung des Ichs kommen, indem sich die einzelnen Identifizierungen durch Widerstände gegeneinander abschließen, und vielleicht ist es das Geheimnis der Fälle von sogenannter *multipler Persönlichkeit*, daß die einzelnen Identifizierungen alternierend das Bewußtsein an sich reißen. Auch wenn es nicht so weit kommt, ergibt sich das Thema der Konflikte zwischen den verschiedenen Identifizierungen, in die das Ich auseinanderfährt, Konflikte, die endlich nicht durchwegs als pathologische bezeichnet werden können.

Wie immer sich aber die spätere Resistenz des Charakters gegen die Einflüsse aufgegebener Objektbesetzungen gestalten mag, die Wirkungen der ersten, im frühesten Alter erfolgten Identifizierungen werden allgemeine und nachhaltige sein. Dies führt uns zur Entstehung des Ichideals zurück, denn hinter ihm verbirgt sich die erste und bedeutsamste Identifizierung des Individuums, die mit dem Vater der persönlichen Vorzeit. Diese scheint zunächst nicht Erfolg oder Ausgang einer Objektbesetzung zu sein, sie ist eine direkte und unmittelbare und frühzeitiger als jede Objektbesetzung. Aber die Objektwahlen, die der ersten Sexualperiode angehören und Vater und Mutter betreffen, scheinen beim normalen Ablauf den Ausgang in solche Identifizierung zu nehmen und somit die primäre Identifizierung zu verstärken.

Immerhin sind diese Beziehungen so kompliziert, daß es notwendig wird, sie eingehender zu beschreiben. Es sind zwei Momente, welche diese Komplikation verschulden, die dreieckige Anlage des Ödipusverhältnisses und die konstitutionelle Bisexualität des Individuums.

Der vereinfachte Fall gestaltet sich für das männliche Kind in folgender Weise: Ganz frühzeitig entwickelt es für die Mutter eine Objektbesetzung, die von der Mutterbrust ihren Ausgang nimmt und das vorbildliche Beispiel einer Objektwahl nach dem Anlehnungstypus zeigt; des Vaters bemächtigt sich der Knabe durch Identifizierung. Die beiden Beziehungen gehen eine Weile nebeneinander her, bis durch die Verstärkung der sexuellen Wünsche nach der Mutter und die Wahrnehmung, daß der Vater diesen Wünschen ein Hindernis ist, der Ödipuskomplex entsteht. Die Vateridentifizierung nimmt nun eine feindselige Tönung an, sie wendet sich zum Wunsch, den Vater zu beseitigen, um ihn bei der Mutter zu ersetzen. Von da an ist das Verhältnis zum Vater ambivalent; es scheint, als ob die in der Identifizierung von Anfang an enthaltene Ambivalenz manifest geworden wäre. Die ambivalente Einstellung zum Vater und die nur zärtliche Objektstrebung nach der Mutter beschreiben für den Knaben den Inhalt des einfachen, positiven Ödipuskomplexes.

Bei der Zertrümmerung des Ödipuskomplexes muß die Objektbesetzung der Mutter aufgegeben werden. An ihre Stelle kann zweierlei treten, entweder eine Identifizierung mit der Mutter oder eine Verstärkung der Vateridentifizierung. Den letzteren Ausgang pflegen wir als den normaleren anzusehen, er gestattet es, die zärtliche Beziehung zur Mutter in gewissem Maße festzuhalten. Durch den Untergang des Ödipuskomplexes hätte so die Männlichkeit im Charakter des Knaben eine Festigung erfahren. In ganz analoger Weise kann die Ödipuseinstellung des kleinen Mädchens in eine Verstärkung ihrer Mutteridentifizierung (oder in die Herstellung einer solchen) auslaufen, die den weiblichen Charakter des Kindes festlegt.

Diese Identifizierungen entsprechen nicht unserer Erwartung, denn sie führen nicht das aufgegebene Objekt ins Ich ein, aber auch dieser Ausgang kommt vor und ist bei Mädchen leichter zu beobachten als bei Knaben. Man erfährt sehr häufig aus der Analyse, daß das kleine Mädchen, nachdem es auf den Vater als Liebesobjekt verzichten mußte, nun seine Männlichkeit hervorholt und sich anstatt mit der Mutter, mit dem Vater, also mit dem verlorenen Objekt, identifiziert. Es kommt dabei offenbar darauf an, ob ihre männlichen Anlagen stark genug sind – worin immer diese bestehen mögen.

Der Ausgang der Ödipussituation in Vater- oder in Mutteridentifizierung scheint also bei beiden Geschlechtern von der relativen Stärke der beiden Geschlechtsanlagen abzuhängen. Dies ist die eine Art, wie sich die Bisexualität in die Schicksale des Ödipuskomplexes einmengt. Die andere ist noch bedeutsamer. Man gewinnt nämlich den Eindruck, daß der einfache Ödipuskomplex überhaupt nicht das häufigste ist, sondern einer Vereinfachung oder Schematisierung entspricht, die allerdings oft genug praktisch gerechtfertigt bleibt. Eingehendere Untersuchung deckt zumeist den *vollständigeren* Ödipuskomplex auf, der ein zweifacher ist, ein positiver und ein negativer, abhängig von der ursprünglichen Bisexualität des Kindes, d. h. der Knabe hat nicht nur eine ambivalente Einstellung zum Vater und eine zärtliche Objektwahl für die Mutter, sondern er benimmt sich auch gleichzeitig wie ein Mädchen, er zeigt die zärtliche feminine Einstellung zum Vater und die ihr entsprechende eifersüchtig-feindselige gegen die Mutter. Dieses Eingreifen der Bisexualität macht es so schwer, die Verhältnisse der primitiven Objektwahlen und Identifizierungen zu durchschauen, und noch schwieriger, sie faßlich zu beschreiben. Es könnte auch sein, daß die im Elternverhältnis konstatierte Ambivalenz durchaus auf die Bisexualität zu beziehen wäre und nicht, wie ich es vorhin dargestellt, durch die Rivalitätseinstellung aus der Identifizierung entwickelt würde.

Ich meine, man tut gut daran, im allgemeinen und ganz besonders bei Neurotikern die Existenz des vollständigen Ödipuskomplexes anzunehmen. Die analytische Erfahrung zeigt dann, daß bei einer Anzahl von Fällen der eine oder der andere Bestandteil desselben bis auf kaum merkliche Spuren schwindet, so daß sich eine Reihe ergibt, an deren einem Ende der normale, positive, an deren anderem Ende der umgekehrte, negative Ödipuskomplex steht, während die Mittelglieder die vollständige Form mit ungleicher Beteiligung der beiden Komponenten aufzeigen. Beim Untergang des Ödipuskomplexes werden die vier in ihm enthaltenen Strebungen sich derart zusammenlegen, daß aus ihnen eine Vater- und eine Mutteridentifizierung hervorgeht, die Vateridentifizierung wird das Mutterobjekt des positiven Komplexes festhalten und gleichzeitig das Vaterobjekt des umgekehrten Komplexes ersetzen; Analoges wird für die

Mutteridentifizierung gelten. In der verschieden starken Ausprägung der beiden Identifizierungen wird sich die Ungleichheit der beiden geschlechtlichen Anlagen spiegeln.

So kann man als allgemeinstes Ergebnis der vom Ödipuskomplex beherrschten Sexualphase einen Niederschlag im Ich annehmen, welcher in der Herstellung dieser beiden, irgendwie miteinander vereinbarten Identifizierungen besteht. Diese Ichveränderung behält ihre Sonderstellung, sie tritt dem anderen Inhalt des Ichs als Ichideal oder Über-Ich entgegen.

Das Über-Ich ist aber nicht einfach ein Residuum der ersten Objektwahlen des Es, sondern es hat auch die Bedeutung einer energischen Reaktionsbildung gegen dieselben. Seine Beziehung zum Ich erschöpft sich nicht in der Mahnung: »So (wie der Vater) *sollst* du sein«, sie umfaßt auch das Verbot: »So (wie der Vater) *darfst* du *nicht* sein, das heißt nicht alles tun, was er tut; manches bleibt ihm vorbehalten.« Dies Doppelangesicht des Ichideals leitet sich aus der Tatsache ab, daß das Ichideal zur Verdrängung des Ödipuskomplexes bemüht wurde, ja, diesem Umschwung erst seine Entstehung dankt. Die Verdrängung des Ödipuskomplexes ist offenbar keine leichte Aufgabe gewesen. Da die Eltern, besonders der Vater, als das Hindernis gegen die Verwirklichung der Ödipuswünsche erkannt werden, stärkte sich das infantile Ich für diese Verdrängungsleistung, indem es dies selbe Hindernis in sich aufrichtete. Es lieh sich gewissermaßen die Kraft dazu vom Vater aus, und diese Anleihe ist ein außerordentlich folgenschwerer Akt. Das Über-Ich wird den Charakter des Vaters bewahren, und je stärker der Ödipuskomplex war, je beschleunigter (unter dem Einfluß von Autorität, Religionslehre, Unterricht, Lektüre) seine Verdrängung erfolgte, desto strenger wird später das Über-Ich als Gewissen, vielleicht als unbewußtes Schuldgefühl über das Ich herrschen. – Woher es die Kraft zu dieser Herrschaft bezieht, den zwangsartigen Charakter, der sich als kategorischer Imperativ äußert, darüber werde ich später eine Vermutung vorbringen.

Fassen wir die beschriebene Entstehung des Über-Ichs nochmals ins Auge, so erkennen wir es als das Ergebnis zweier höchst bedeutsamer biologischer Faktoren, der langen kindlichen Hilflosigkeit und Abhängigkeit des Menschen und der Tatsache seines Ödipuskomplexes, den wir ja auf die Unterbrechung der Libidoentwicklung durch die Latenzzeit, somit auf den *zweizeitigen Ansatz* seines Sexuallebens zurückgeführt haben. Letztere, wie es scheint, spezifisch menschliche Eigentümlichkeit hat eine psychoanalytische Hypothese als Erbteil der durch die Eiszeit erzwungenen Entwicklung zur Kultur hingestellt. Somit ist die Sonderung des Über-Ichs vom Ich nichts Zufälliges, sie vertritt die bedeutsamsten Züge der individuellen und der Artentwicklung, ja, indem sie dem Elterneinfluß einen dauernden Ausdruck schafft, verewigt sie die Existenz der Momente, denen sie ihren Ursprung verdankt.

Es ist der Psychoanalyse unzählige Male zum Vorwurf gemacht worden, daß sie sich um das Höhere, Moralische, Überpersönliche im Menschen nicht kümmere. Der Vorwurf war doppelt ungerecht, historisch wie methodisch. Ersteres, da von Anbeginn an den moralischen und ästhetischen Tendenzen im Ich der Antrieb zur Verdrängung zugeteilt wurde, letzteres, da man nicht einsehen wollte, daß die psychoanalytische Forschung nicht wie ein philosophisches System mit einem vollständigen und fertigen Lehrgebäude auftreten konnte, sondern sich den Weg zum Verständnis der seelischen Komplikationen schrittweise durch die analytische Zergliederung normaler wie abnormer Phänomene bahnen mußte. Wir brauchten die zitternde Besorgnis um den Verbleib des Höheren im Menschen nicht zu teilen, solange wir uns mit dem Studium des Verdrängten im Seelenleben zu beschäftigen hatten. Nun, da wir uns an die Analyse des Ichs heranwagen, können wir all denen, welche, in ihrem sittlichen Bewußtsein erschüttert, geklagt haben, es muß doch ein höheres Wesen im Menschen geben, antworten: »Gewiß, und dies ist das höhere Wesen, das Ichideal oder Über-Ich, die Repräsentanz unserer Elternbeziehung. Als kleine Kinder haben wir diese höheren Wesen gekannt, bewundert, gefürchtet, später sie in uns selbst aufgenommen.«

Das Ichideal ist also der Erbe des Ödipuskomplexes und somit Ausdruck der mächtigsten Regungen und wichtigsten Libidoschicksale des Es. Durch seine Aufrichtung hat sich das Ich des Ödipuskomplexes bemächtigt und gleichzeitig sich selbst dem Es unterworfen. Während das Ich wesentlich Repräsentant der Außenwelt, der Realität ist, tritt ihm das Über-Ich als Anwalt der Innenwelt, des Es, gegenüber. Konflikte zwischen Ich und Ideal werden, darauf sind wir nun vorbereitet, in letzter Linie den Gegensatz von Real und Psychisch, Außenwelt und Innenwelt, widerspiegeln.

Was die Biologie und die Schicksale der Menschenart im Es geschaffen und hinterlassen haben, das wird durch die Idealbildung vom Ich übernommen und an ihm individuell wiedererlebt. Das Ichideal hat infolge seiner Bildungsgeschichte die ausgiebigste Verknüpfung mit dem phylogenetischen Erwerb, der archaischen Erbschaft, des einzelnen. Was im einzelnen Seelenleben dem Tiefsten angehört hat, wird durch die Idealbildung zum Höchsten der Menschenseele im Sinne unserer Wertungen. Es wäre aber ein vergebliches Bemühen, das Ichideal auch nur in ähnlicher Weise wie das Ich zu lokalisieren oder es in eines der Gleichnisse einzupassen, durch welche wir die Beziehung von Ich und Es nachzubilden versuchten.

Es ist leicht zu zeigen, daß das Ichideal allen Ansprüchen genügt, die an das höhere Wesen im Menschen gestellt werden. Als Ersatzbildung für die Vatersehnsucht enthält es den Keim, aus dem sich alle Religionen gebildet haben. Das Urteil der eigenen Unzulänglichkeit im Vergleich des Ichs mit seinem Ideal ergibt das demütige religiöse Empfinden, auf das sich der sehnsüchtig Gläubige beruft. Im weiteren Verlauf der Entwicklung haben Lehrer und Autoritäten die Vaterrolle fortgeführt; deren Gebote und Verbote sind im Ideal-Ich mächtig geblieben und üben jetzt als *Gewissen* die moralische Zensur aus. Die Spannung zwischen den Ansprüchen des Gewissens und den Leistungen des Ichs wird als *Schuldgefühl* empfunden. Die sozialen Gefühle ruhen auf Identifizierungen mit anderen auf Grund des gleichen Ichideals.

Religion, Moral und soziales Empfinden – diese Hauptinhalte des Höheren im Menschen– sind ursprünglich eins gewesen. Nach der Hypothese von *Totem und Tabu* wurden sie phylogenetisch am Vaterkomplex erworben, Religion und sittliche Beschränkung durch die Bewältigung des eigentlichen Ödipuskomplexes, die sozialen Gefühle durch die Nötigung zur Überwindung der erübrigenden Rivalität unter den Mitgliedern der jungen Generation. In all diesen sittlichen Erwerbungen scheint das Geschlecht der Männer vorangegangen zu sein, gekreuzte Vererbung hat den Besitz auch den Frauen zugeführt. Die sozialen Gefühle entstehen noch heute beim einzelnen als Überbau über die eifersüchtigen Rivalitätsregungen gegen die Geschwister. Da die Feindseligkeit nicht zu befriedigen ist, stellt sich eine Identifizierung mit dem anfänglichen Rivalen her. Beobachtungen an milden Homosexuellen stützen die Vermutung, daß auch diese Identifizierung Ersatz einer zärtlichen Objektwahl ist, welche die aggressiv-feindselige Einstellung abgelöst hat.

Mit der Erwähnung der Phylogenese tauchen aber neue Probleme auf, vor deren Beantwortung man zaghaft zurückweichen möchte. Aber es hilft wohl nichts, man muß den Versuch wagen, auch wenn man fürchtet, daß er die Unzulänglichkeit unserer ganzen Bemühung bloßstellen wird. Die Frage lautet: Wer hat seinerzeit Religion und Sittlichkeit am Vaterkomplex erworben, das Ich des Primitiven oder sein Es? Wenn es das Ich war, warum sprechen wir nicht einfach von einer Vererbung im Ich? Wenn das Es, wie stimmt das zum Charakter des Es? Oder darf man die Differenzierung in Ich, Über-Ich und Es nicht in so frühe Zeiten tragen? Oder soll man nicht ehrlich eingestehen, daß die ganze Auffassung der Ichvorgänge nichts fürs Verständnis der Phylogenese leistet und auf sie nicht anwendbar ist?

Beantworten wir zuerst, was sich am leichtesten beantworten läßt. Die Differenzierung von Ich und Es müssen wir nicht nur den primitiven Menschen, sondern noch viel einfacheren Lebewesen zuerkennen, da sie der notwendige Ausdruck des Einflusses der Außenwelt ist. Das Über-Ich ließen wir gerade aus jenen Erlebnissen, die zum Totemismus führten, entstehen. Die Frage, ob das Ich oder das Es jene Erfahrungen und Erwerbungen gemacht haben, fällt bald in sich zusammen. Die nächste Erwägung sagt uns, daß das Es kein äußeres Schicksal erleben oder erfahren kann außer durch das *Ich*, welches die Außenwelt bei ihm vertritt. Von einer direkten Vererbung im *Ich* kann man aber doch nicht reden. Hier tut sich die Kluft auf zwischen dem realen Individuum und dem Begriff der Art. Auch darf man den Unterschied von Ich und Es nicht zu starr nehmen, nicht vergessen, daß das Ich ein besonders differenzierter Anteil des Es ist. Die Erlebnisse des Ichs scheinen zunächst für die Erbschaft verlorenzugehen, wenn sie sich aber häufig und stark genug bei vielen generationsweise aufeinanderfolgenden Individuen wiederholen, setzen sie sich sozusagen in Erlebnisse des Es um, deren Eindrücke durch Vererbung festgehalten werden. Somit beherbergt das erbliche Es in sich die Reste ungezählt vieler Ich-Existenzen, und wenn das Ich sein Über-Ich aus dem Es schöpft, bringt es vielleicht nur ältere Ichgestaltungen wieder zum Vorschein, schafft ihnen eine Auferstehung.

Die Entstehungsgeschichte des Über-Ichs macht es verständlich, daß frühe Konflikte des Ichs mit den Objektbesetzungen des Es sich in Konflikte mit deren Erben, dem Über-Ich, fortsetzen können. Wenn dem Ich die Bewältigung des Ödipuskomplexes schlecht gelungen ist, wird dessen dem Es entstammende Energiebesetzung in der Reaktionsbildung des Ichideals wieder zur Wirkung kommen. Die ausgiebige Kommunikation dieses Ideals mit diesen *ubw* Triebregungen wird das Rätsel lösen, daß das Ideal selbst zum großen Teil unbewußt, dem Ich unzugänglich bleiben kann. Der Kampf, der in tieferen Schichten getobt hatte, durch rasche Sublimierung und Identifizierung nicht zum Abschluß gekommen war, setzt sich nun wie auf dem

Kaulbachschen Gemälde der Hunnenschlacht in einer höheren Region fort.

IV. Die beiden Triebarten

Wir sagten bereits, wenn unsere Gliederung des seelischen Wesens in ein Es, ein Ich und ein Über-Ich einen Fortschritt in unserer Einsicht bedeutet, so muß sie sich auch als Mittel zum tieferen Verständnis und zur besseren Beschreibung der dynamischen Beziehungen im Seelenleben erweisen. Wir haben uns auch bereits klargemacht, daß das Ich unter dem besonderen Einfluß der Wahrnehmung steht und daß man im rohen sagen kann, die Wahrnehmungen haben für das Ich dieselbe Bedeutung wie die Triebe für das Es. Dabei unterliegt aber auch das Ich der Einwirkung der Triebe wie das Es, von dem es ja nur ein besonders modifizierter Anteil ist.

Über die Triebe habe ich kürzlich (*Jenseits des Lustprinzips*) eine Anschauung entwickelt, die ich hier festhalten und den weiteren Erörterungen zugrunde legen werde. Daß man zwei Triebarten zu unterscheiden hat, von denen die eine, *Sexualtriebe* oder *Eros*, die bei weitem auffälligere und der Kenntnis zugänglichere ist. Sie umfaßt nicht nur den eigentlichen ungehemmten Sexualtrieb und die von ihm abgeleiteten zielgehemmten und sublimierten Triebregungen, sondern auch den Selbsterhaltungstrieb, den wir dem Ich zuschreiben müssen und den wir zu Anfang der analytischen Arbeit mit guten Gründen den sexuellen Objekttrieben gegenübergestellt hatten. Die zweite Triebart aufzuzeigen bereitete uns Schwierigkeiten; endlich kamen wir darauf, den Sadismus als Repräsentanten derselben anzusehen. Auf Grund theoretischer, durch die Biologie gestützter Überlegungen supponierten wir einen *Todestrieb*, dem die Aufgabe gestellt ist, das organische Lebende in den leblosen Zustand zurückzuführen, während der Eros das Ziel verfolgt, das Leben durch immer weitergreifende Zusammenfassung der in Partikel zersprengten lebenden Substanz zu komplizieren, natürlich es dabei zu erhalten. Beide Triebe benehmen sich dabei im strengsten Sinne konservativ, indem sie die Wiederherstellung eines durch die Entstehung des Lebens gestörten Zustandes anstreben. Die Entstehung des Lebens wäre also die Ursache des Weiterlebens und gleichzeitig auch des Strebens nach dem Tode, das Leben selbst ein Kampf und Kompromiß zwischen diesen beiden Strebungen. Die Frage nach der Herkunft des Lebens bliebe eine kosmologische, die nach Zweck und Absicht des Lebens wäre *dualistisch* beantwortet.

Jeder dieser beiden Triebarten wäre ein besonderer physiologischer Prozeß (Aufbau und Zerfall) zugeordnet, in jedem Stück lebender Substanz wären beiderlei Triebe tätig, aber doch in ungleicher Mischung, so daß eine Substanz die Hauptvertretung des Eros übernehmen könnte.

In welcher Weise sich Triebe der beiden Arten miteinander verbinden, vermischen, legieren, wäre noch ganz unvorstellbar; daß dies aber regelmäßig und in großem Ausmaß geschieht, ist eine in unserem Zusammenhang unabweisbare Annahme. Infolge der Verbindung der einzelligen Elementarorganismen zu mehrzelligen Lebewesen wäre es gelungen, den Todestrieb der Einzelzelle zu neutralisieren und die destruktiven Regungen durch Vermittlung eines besonderen Organs auf die Außenwelt abzuleiten. Dies Organ wäre die Muskulatur, und der Todestrieb würde sich nun – wahrscheinlich doch nur teilweise – als *Destruktionstrieb* gegen die Außenwelt und andere Lebewesen äußern.

Haben wir einmal die Vorstellung von einer Mischung der beiden Triebarten angenommen, so drängt sich uns auch die Möglichkeit einer – mehr oder minder vollständigen – *Entmischung* derselben auf. In der sadistischen Komponente des Sexualtriebes hätten wir ein klassisches Beispiel einer zweckdienlichen Triebmischung vor uns, im selbständig gewordenen *Sadismus* als Perversion das Vorbild einer, allerdings nicht bis zum äußersten getriebenen Entmischung. Es eröffnet sich uns dann ein Einblick in ein großes Gebiet von Tatsachen, welches noch nicht in diesem Licht betrachtet worden ist. Wir erkennen, daß der *Destruktionstrieb* regelmäßig zu Zwecken der Abfuhr in den Dienst des Eros gestellt ist, ahnen, daß der epileptische Anfall Produkt und Anzeichen einer Triebentmischung ist, und lernen verstehen, daß unter den Erfolgen mancher schweren Neurosen, zum Beispiel der Zwangsneurosen, die Triebentmischung und das Hervortreten des Todestriebes eine besondere Würdigung verdient. In rascher Verallgemeinerung möchten wir vermuten, daß das Wesen einer Libidoregression, zum Beispiel von der genitalen zur sadistisch-analen Phase, auf einer Triebentmischung beruht, wie umgekehrt der Fortschritt von der früheren zur definitiven Genitalphase einen Zuschuß von erotischen Komponenten zur Bedingung hat. Es erhebt sich auch die Frage, ob nicht die reguläre *Ambivalenz*, die wir in der konstitutionellen Anlage zur Neurose so oft verstärkt finden, als Ergebnis einer Entmischung aufgefaßt werden darf; allein diese ist so ursprünglich, daß sie vielmehr als nicht vollzogene Triebmischung gelten muß.

Unser Interesse wird sich natürlich den Fragen zuwenden, ob sich nicht aufschlußreiche Beziehungen zwischen den angenommenen Bildungen des Ichs, Über-Ichs und des Es einerseits, den beiden Triebarten anderseits auffinden lassen, ferner, ob wir dem die seelischen Vorgänge beherrschenden Lustprinzip eine feste Stellung zu den beiden Triebarten und den seelischen Differenzierungen zuweisen können. Ehe wir aber in diese Diskussion eintreten, haben wir einen Zweifel zu erledigen, der sich gegen die Problemstellung selbst richtet. Am Lustprinzip ist zwar kein Zweifel, die Gliederung des Ichs ruht auf klinischer Rechtfertigung, aber die Unterscheidung der beiden Triebarten scheint nicht genug gesichert, und möglicherweise heben Tatsachen der klinischen Analyse ihren Anspruch auf.

Eine solche Tatsache scheint es zu geben. Für den Gegensatz der beiden Triebarten dürfen wir die Polarität von Liebe und Haß einsetzen. Um eine Repräsentanz des Eros sind wir ja nicht verlegen, dagegen sehr zufrieden, daß wir für den schwer zu fassenden Todestrieb im Destruktionstrieb, dem der Haß den Weg zeigt, einen Vertreter aufzeigen können. Nun lehrt uns die klinische Beobachtung, daß der Haß nicht nur der unerwartet regelmäßige Begleiter der Liebe ist (Ambivalenz), nicht nur häufig ihr Vorläufer in menschlichen Beziehungen, sondern auch, daß Haß sich unter mancherlei Verhältnissen in Liebe und Liebe in Haß verwandelt. Wenn diese Verwandlung mehr ist als bloß zeitliche Sukzession, also Ablösung, dann ist offenbar einer so grundlegenden Unterscheidung wie zwischen erotischen und Todestrieben, die entgegengesetzt laufende physiologische Vorgänge voraussetzt, der Boden entzogen.

Nun der Fall, daß man dieselbe Person zuerst liebt und dann haßt, oder umgekehrt, wenn sie einem die Anlässe dazu gegeben hat, gehört offenbar nicht zu unserem Problem. Auch nicht der andere, daß eine noch nicht manifeste Verliebtheit sich zuerst durch Feindseligkeit und Aggressionsneigung äußert, denn die destruktive Komponente könnte da bei der Objektbesetzung vorangeeilt sein, bis die erotische sich zu ihr gesellt. Aber wir kennen mehrere Fälle aus der Psychologie der Neurosen, in denen die Annahme einer Verwandlung näherliegt. Bei der *Paranoia persecutoria* erwehrt sich der Kranke einer überstarken homosexuellen Bindung an eine bestimmte Person auf eine gewisse Weise, und das Ergebnis ist, daß diese geliebteste Person zum Verfolger wird, gegen den sich die oft gefährliche Aggression des Kranken richtet. Wir haben das Recht einzuschalten, daß eine Phase vorher die Liebe in Haß umgewandelt hatte. Bei der Entstehung der Homosexualität, aber auch der desexualisierten sozialen Gefühle lehrte uns die analytische Untersuchung erst neuerdings die Existenz von heftigen, zu Aggressionsneigung führenden Gefühlen der Rivalität kennen, nach deren Überwindung erst das früher gehaßte Objekt zum geliebten oder zum Gegenstand einer Identifizierung wird. Die Frage erhebt sich, ob für diese Fälle eine direkte Umsetzung von Haß in Liebe anzunehmen ist. Hier handelt es sich ja um rein innerliche Änderungen, an denen ein geändertes Benehmen des Objekts keinen Anteil hat.

Die analytische Untersuchung des Vorganges bei der paranoischen Umwandlung macht uns aber mit der Möglichkeit eines anderen Mechanismus vertraut. Es ist von Anfang an eine ambivalente Einstellung vorhanden, und die Verwandlung geschieht durch eine reaktive Besetzungsverschiebung, indem der erotischen Regung Energie entzogen und der feindseligen Energie zugeführt wird.

Nicht das nämliche, aber ähnliches geschieht bei der Überwindung der feindseligen Rivalität, die zur Homosexualität führt. Die feindselige Einstellung hat keine Aussicht auf Befriedigung, daher – aus ökonomischen Motiven also – wird sie von der Liebeseinstellung abgelöst, welche mehr Aussicht auf Befriedigung, das ist Abfuhrmöglichkeit, bietet. Somit brauchen wir für keinen dieser Fälle eine direkte Verwandlung von Haß in Liebe, die mit der qualitativen Verschiedenheit der beiden Triebarten unverträglich wäre, anzunehmen.

Wir bemerken aber, daß wir bei der Inanspruchnahme dieses anderen Mechanismus der Umwandlung von Liebe in Haß stillschweigend eine andere Annahme gemacht haben, die laut zu werden verdient. Wir haben so geschaltet, als gäbe es im Seelenleben – unentschieden, ob im Ich oder im Es – eine verschiebbare Energie, die, an sich indifferent, zu einer qualitativ differenzierten erotischen oder destruktiven Regung hinzutreten und deren Gesamtbesetzung erhöhen kann. Ohne die Annahme einer solchen verschiebbaren Energie kommen wir überhaupt nicht aus. Es fragt sich nur, woher sie stammt, wem sie zugehört und was sie bedeutet.

Das Problem der Qualität der Triebregungen und deren Erhaltung bei den verschiedenen Triebschicksalen ist noch sehr dunkel und derzeit kaum in Angriff genommen. An den sexuellen Partialtrieben, die der Beobachtung besonders gut zugänglich sind, kann man einige Vorgänge, die in denselben Rahmen gehören, feststellen, zum Beispiel daß die Partialtriebe gewissermaßen miteinander kommunizieren, daß ein Trieb aus einer besonderen erogenen Quelle seine Intensität zur Verstärkung eines

Partialtriebes aus anderer Quelle abgeben kann, daß die Befriedigung des einen Triebes einem anderen die Befriedigung ersetzt und dergleichen mehr, was einem Mut machen muß, Annahmen gewisser Art zu wagen.

Ich habe auch in der vorliegenden Diskussion nur eine Annahme, nicht einen Beweis zu bieten. Es erscheint plausibel, daß diese wohl im Ich und im Es tätige, verschiebbare und indifferente Energie dem narzißtischen Libidovorrat entstammt, also desexualisierter Eros ist. Die erotischen Triebe erscheinen uns ja überhaupt plastischer, ablenkbarer und verschiebbarer als die Destruktionstriebe. Dann kann man ohne Zwang fortsetzen, daß diese verschiebbare Libido im Dienst des Lustprinzips arbeitet, um Stauungen zu vermeiden und Abfuhren zu erleichtern. Dabei ist eine gewisse Gleichgültigkeit, auf welchem Wege die Abfuhr geschieht, wenn sie nur überhaupt geschieht, unverkennbar. Wir kennen diesen Zug als charakteristisch für die Besetzungsvorgänge im Es. Er findet sich bei den erotischen Besetzungen, wobei eine besondere Gleichgültigkeit in bezug auf das Objekt entwickelt wird, ganz besonders bei den Übertragungen in der Analyse, die vollzogen werden müssen, gleichgültig auf welche Personen. Rank hat kürzlich schöne Beispiele dafür gebracht, daß neurotische Racheaktionen gegen die unrichtigen Personen gerichtet werden. Man muß bei diesem Verhalten des Unbewußten an die komisch verwertete Anekdote denken, daß einer der drei Dorfschneider gehängt werden soll, weil der einzige Dorfschmied ein todwürdiges Verbrechen begangen hat. Strafe muß eben sein, auch wenn sie nicht den Schuldigen trifft. Die nämliche Lockerheit haben wir zuerst an den Verschiebungen des Primärvorganges in der Traumarbeit bemerkt. Wie hier die Objekte, so wären es in dem uns beschäftigenden Falle die Wege der Abfuhraktion, die erst in zweiter Linie in Betracht kommen. Dem Ich würde es ähnlich sehen, auf größerer Exaktheit in der Auswahl des Objekts wie des Weges der Abfuhr zu bestehen.

Wenn diese Verschiebungsenergie desexualisierte Libido ist, so darf sie auch *sublimiert* heißen, denn sie würde noch immer an der Hauptabsicht des Eros, zu vereinigen und zu binden, festhalten, indem sie zur Herstellung jener Einheitlichkeit dient, durch die – oder durch das Streben nach welcher – das Ich sich auszeichnet. Schließen wir die Denkvorgänge im weiteren Sinne unter diese Verschiebungen ein, so wird eben auch die Denkarbeit durch Sublimierung erotischer Triebkraft bestritten.

Hier stehen wir wieder vor der früher berührten Möglichkeit, daß die Sublimierung regelmäßig durch die Vermittlung des Ichs vor sich geht. Wir erinnern den anderen Fall, daß dies Ich die ersten und gewiß auch spätere Objektbesetzungen des Es dadurch erledigt, daß es deren Libido ins Ich aufnimmt und an die durch Identifizierung hergestellte Ichveränderung bindet. Mit dieser Umsetzung in Ichlibido ist natürlich ein Aufgeben der Sexualziele, eine Desexualisierung, verbunden. Jedenfalls erhalten wir so Einsicht in eine wichtige Leistung des Ichs in seinem Verhältnis zum Eros. Indem es sich in solcher Weise der Libido der Objektbesetzungen bemächtigt, sich zum alleinigen Liebesobjekt aufwirft, die Libido des Es desexualisiert oder sublimiert, arbeitet es den Absichten des Eros entgegen, stellt sich in den Dienst der gegnerischen Triebregungen. Einen anderen Anteil der Es-Objektbesetzungen muß es sich gefallen lassen, sozusagen mitmachen. Auf eine andere mögliche Folge dieser Ichtätigkeit werden wir später zu sprechen kommen.

An der Lehre vom Narzißmus wäre nun eine wichtige Ausgestaltung vorzunehmen. Zu Uranfang ist alle Libido im Es angehäuft, während das Ich noch in der Bildung begriffen oder schwächlich ist. Das Es sendet einen Teil dieser Libido auf erotische Objektbesetzungen aus, worauf das erstarkte Ich sich dieser Objektlibido zu bemächtigen und sich dem Es als Liebesobjekt aufzudrängen sucht. Der Narzißmus des Ichs ist so ein sekundärer, den Objekten entzogener.

Immer wieder machen wir die Erfahrung, daß die Triebregungen, die wir verfolgen können, sich als Abkömmlinge des Eros enthüllen. Wären nicht die im *Jenseits des Lustprinzips* angestellten Erwägungen und endlich die sadistischen Beiträge zum Eros, so hätten wir es schwer, an der dualistischen Grundanschauung festzuhalten. Da wir aber dazu genötigt sind, müssen wir den Eindruck gewinnen, daß die Todestriebe im wesentlichen stumm sind und der Lärm des Lebens meist vom Eros ausgeht.

Und vom Kampf gegen den Eros! Es ist die Anschauung nicht abzuweisen, daß das Lustprinzip dem Es als ein Kompaß im Kampf gegen die Libido dient, die Störungen in den Lebensablauf einführt. Wenn das Konstanz-Prinzip im Sinne Fechners das Leben beherrscht, welches also dann ein Gleiten in den Tod sein sollte, so sind es die Ansprüche des Eros, der Sexualtriebe, welche als Triebbedürfnisse das Herabsinken des Niveaus aufhalten und neue Spannungen einführen. Das Es erwehrt sich ihrer, vom Lustprinzip, das heißt der Unlustwahrnehmung geleitet, auf verschiedenen Wegen. Zunächst durch möglichst beschleunigte Nachgiebigkeit gegen die Forderungen der nicht desexualisierten Libido, also durch Ringen nach Befriedigung der direkt sexuellen Strebungen. In weit ausgiebigerer Weise, indem es sich bei einer dieser Befriedigungen, in der alle Tcilansprüche zusammentreffen, der sexuellen Substanzen entledigt, welche sozusagen gesättigte Träger der erotischen Spannungen sind. Die Abstoßung der Sexualstoffe im Sexualakt entspricht gewissermaßen der Trennung von Soma und Keimplasma. Daher die Ähnlichkeit des Zustandes nach der vollen Sexualbefriedigung mit dem Sterben, bei niederen Tieren das Zusammenfallen des Todes mit dem Zeugungsakt. Diese Wesen sterben an der Fortpflanzung, insoferne nach der Ausschaltung des Eros durch die Befriedigung der Todestrieb freie Hand bekommt, seine Absichten durchzusetzen. Endlich erleichtert, wie wir gehört haben, das Ich dem Es die Bewältigungsarbeit, indem es Anteile der Libido für sich und seine Zwecke sublimiert.

V. Die Abhängigkeiten des Ichs

Die Verschlungenheit des Stoffes mag entschuldigen, daß sich keine der Überschriften ganz mit dem Inhalt der Kapitel deckt und daß wir immer wieder auf bereits Erledigtes zurückgreifen, wenn wir neue Beziehungen studieren wollen.

So haben wir wiederholt gesagt, daß das Ich sich zum guten Teil aus Identifizierungen bildet, welche aufgelassene Besetzungen des Es ablösen, daß die ersten dieser Identifizierungen sich regelmäßig als besondere Instanz im Ich gebärden, sich als Über-Ich dem Ich entgegenstellen, während das erstarkte Ich sich späterhin gegen solche Identifizierungseinflüsse resistenter verhalten mag. Das Über-Ich verdankt seine besondere Stellung im Ich oder zum Ich einem Moment, das von zwei Seiten her eingeschätzt werden soll, erstens, daß es die erste Identifizierung ist, die vorfiel, solange das Ich noch schwach war, und zweitens, daß es der Erbe des Ödipuskomplexes ist, also die großartigsten Objekte ins Ich einführte. Es verhält sich gewissermaßen zu den späteren Ichveränderungen wie die primäre Sexualphase der Kindheit zum späteren Sexualleben nach der Pubertät. Obwohl allen späteren Einflüssen zugänglich, behält es doch zeitlebens den Charakter, der ihm durch seinen Ursprung aus dem Vaterkomplex verliehen ist, nämlich die Fähigkeit, sich dem Ich entgegenzustellen und es zu meistern. Es ist das Denkmal der einstigen Schwäche und Abhängigkeit des Ichs und setzt seine Herrschaft auch über das reife Ich fort. Wie das Kind unter dem Zwange stand, seinen Eltern zu gehorchen, so unterwirft sich das Ich dem kategorischen Imperativ seines Über-Ichs.

Die Abkunft von den ersten Objektbesetzungen des Es, also vom Ödipuskomplex, bedeutet aber für das Über-Ich noch mehr. Sie bringt es, wie wir bereits ausgeführt haben, in Beziehung zu den phylogenetischen Erwerbungen des Es und macht es zur Reinkarnation früherer Ichbildungen, die ihre Niederschläge im Es hinterlassen haben. Somit steht das Über-Ich dem Es dauernd nahe und kann dem Ich gegenüber dessen Vertretung führen. Es taucht tief ins Es ein, ist dafür entfernter vom Bewußtsein als das Ich.

Diese Beziehungen würdigen wir am besten, wenn wir uns gewissen klinischen Tatsachen zuwenden, die längst keine Neuheit sind, aber ihrer theoretischen Verarbeitung noch warten.

Es gibt Personen, die sich in der analytischen Arbeit ganz sonderbar benehmen. Wenn man ihnen Hoffnung gibt und ihnen Zufriedenheit mit dem Stand der Behandlung zeigt, scheinen sie unbefriedigt und verschlechtern regelmäßig ihr Befinden. Man hält das anfangs für Trotz und Bemühen, dem Arzt ihre Überlegenheit zu bezeugen. Später kommt man zu einer tieferen und gerechteren Auffassung. Man überzeugt sich nicht nur, daß diese Personen kein Lob und keine Anerkennung vertragen, sondern daß sie auf die Fortschritte der Kur in verkehrter Weise reagieren. Jede Partiallösung, die eine Besserung oder zeitweiliges Aussetzen der Symptome zur Folge haben sollte und bei anderen auch hat, ruft bei ihnen eine momentane Verstärkung ihres Leidens hervor, sie verschlimmern sich während der Behandlung, anstatt sich zu bessern. Sie zeigen die sogenannte *negative therapeutische Reaktion.*

Kein Zweifel, daß sich bei ihnen etwas der Genesung widersetzt, daß deren Annäherung wie eine Gefahr gefürchtet wird. Man sagt, bei diesen Personen hat nicht der Genesungswille, sondern das Krankheitsbedürfnis die Oberhand. Analysiert man diesen Widerstand in gewohnter Weise, zieht die Trotzeinstellung gegen den Arzt, die Fixierung an die Formen des Krankheitsgewinnes von ihm ab, so bleibt doch das meiste noch bestehen, und dies erweist sich als das stärkste Hindernis der Wiederherstellung, stärker als die uns bereits bekannten der narzißtischen Unzugänglichkeit, der negativen Einstellung gegen den Arzt und des Haftens am Krankheitsgewinne.

Man kommt endlich zur Einsicht, daß es sich um einen sozusagen »moralischen« Faktor handelt, um ein Schuldgefühl, welches im Kranksein seine Befriedigung findet und auf die Strafe des Leidens nicht verzichten will. An dieser wenig tröstlichen Aufklärung darf man endgültig festhalten. Aber dies Schuldgefühl ist für den Kranken stumm, es sagt ihm nicht, daß er schuldig ist, er fühlt sich nicht schuldig, sondern krank. Dies Schuldgefühl äußert sich nur als schwer reduzierbarer Widerstand gegen die Herstellung. Es ist auch besonders schwierig, den Kranken von diesem Motiv seines Krankbleibens zu überzeugen, er wird sich an die näherliegende Erklärung halten, daß die analytische Kur nicht das richtige Mittel ist, ihm zu helfen.

Was hier beschrieben wurde, entspricht den extremsten Vorkommnissen, dürfte aber in geringerem Ausmaß für sehr viele, vielleicht für alle schwereren Fälle von Neurose in Betracht kommen. Ja, noch mehr, vielleicht ist es gerade dieser Faktor, das Verhalten des Ichideals, der die Schwere einer neurotischen Erkrankung maßgebend bestimmt. Wir wollen darum einigen weiteren Bemerkungen über die Äußerung des Schuldgefühls unter verschiedenen Bedingungen nicht aus dem Wege gehen.

Das normale, bewußte Schuldgefühl (Gewissen) bietet der Deutung keine Schwierigkeiten, es beruht auf der Spannung zwischen dem Ich und dem Ichideal, ist der Ausdruck einer Verurteilung des Ichs durch seine kritische Instanz. Die bekannten Minderwertigkeitsgefühle der Neurotiker dürften nicht weit davon abliegen. In zwei uns wohlvertrauten Affektionen ist das Schuldgefühl überstark bewußt; das Ichideal zeigt dann eine besondere Strenge und wütet gegen das Ich oft in grausamer Weise. Neben dieser Übereinstimmung ergeben sich bei den beiden Zuständen, Zwangsneurose und Melancholie, Verschiedenheiten im Verhalten des Ichideals, die nicht minder bedeutungsvoll sind.

Bei der Zwangsneurose (gewissen Formen derselben) ist das Schuldgefühl überlaut, kann sich aber vor dem Ich nicht rechtfertigen. Das Ich des Kranken sträubt sich daher gegen die Zumutung, schuldig zu sein, und verlangt vom Arzt, in seiner Ablehnung dieser Schuldgefühle bestärkt zu werden. Es wäre töricht, ihm nachzugeben, denn es bliebe erfolglos. Die Analyse zeigt dann, daß das Über-Ich durch Vorgänge beeinflußt wird, welche dem Ich unbekannt geblieben sind. Es lassen sich wirklich die verdrängten Impulse auffinden, welche das Schuldgefühl begründen. Das Über-Ich hat hier mehr vom unbewußten Es gewußt als das Ich.

Noch stärker ist der Eindruck, daß das Über-Ich das Bewußtsein an sich gerissen hat, bei der Melancholie. Aber hier wagt das Ich keinen Einspruch, es bekennt sich schuldig und unterwirft sich den Strafen. Wir verstehen diesen Unterschied. Bei der Zwangsneurose handelte es sich um anstößige Regungen, die außerhalb des Ichs geblieben sind; bei der Melancholie aber ist das Objekt, dem der Zorn des Über-Ichs gilt, durch Identifizierung ins Ich aufgenommen worden.

Es ist gewiß nicht selbstverständlich, daß bei diesen beiden neurotischen Affektionen das Schuldgefühl eine so außerordentliche Stärke erreicht, aber das Hauptproblem der Situation liegt doch an anderer Stelle. Wir schieben seine Erörterung auf, bis wir die anderen Fälle behandelt haben, in denen das Schuldgefühl unbewußt bleibt.

Dies ist doch wesentlich bei Hysterie und Zuständen vom hysterischen Typus zu finden. Der Mechanismus des Unbewußtbleibens ist hier leicht zu erraten. Das hysterische Ich erwehrt sich der peinlichen Wahrnehmung, die ihm von Seiten der Kritik seines Über-Ichs droht, in derselben Weise, wie es sich sonst einer unerträglichen Objektbesetzung zu erwehren pflegt, durch einen Akt der Verdrängung. Es liegt also am Ich, wenn das Schuldgefühl unbewußt bleibt. Wir wissen, daß sonst das Ich die Verdrängungen im Dienst und Auftrag seines Über-Ichs vornimmt; hier ist aber ein Fall, wo es sich derselben Waffe gegen seinen gestrengen Herrn bedient. Bei der Zwangsneurose überwiegen bekanntlich die Phänomene der Reaktionsbildung; hier gelingt dem Ich nur die Fernhaltung des Materials, auf welches sich das Schuldgefühl bezieht.

Man kann weitergehen und die Voraussetzung wagen, daß ein großes Stück des Schuldgefühls normalerweise unbewußt sein müsse, weil die Entstehung des Gewissens innig an den Ödipuskomplex geknüpft ist, welcher dem Unbewußten angehört. Würde jemand den paradoxen Satz vertreten wollen, daß der normale Mensch nicht nur viel unmoralischer ist, als er glaubt, sondern auch viel moralischer, als er weiß, so hätte die Psychoanalyse, auf deren Befunden die erste Hälfte der Behauptung ruht, auch gegen die zweite Hälfte nichts einzuwenden.

Es war eine Überraschung zu finden, daß eine Steigerung dieses *ubw* Schuldgefühls den Menschen zum Verbrecher machen kann. Aber es ist unzweifelhaft so. Es läßt sich bei vielen, besonders jugendlichen Verbrechern ein mächtiges Schuldgefühl nachweisen, welches vor der Tat bestand, also nicht deren Folge, sondern deren Motiv ist, als ob es als Erleichterung empfunden würde, dies unbewußte Schuldgefühl an etwas Reales und Aktuelles knüpfen zu können.

In all diesen Verhältnissen erweist das Über-Ich seine Unabhängigkeit vom bewußten Ich und seine innigen Beziehungen zum unbewußten Es. Nun erhebt sich mit Rücksicht auf die Bedeutung, die wir den vorbewußten Wortresten im Ich zugeschrieben haben, die Frage, ob das Über-Ich, wenn es *ubw* ist, nicht aus solchen Wortvorstellungen, oder aus was sonst es besteht. Die bescheidene Antwort wird lauten, daß das Über-Ich auch seine Herkunft aus Gehörtem unmöglich verleugnen kann, es ist ja ein Teil des Ichs und bleibt von diesen Wortvorstellungen (Begriffen, Abstraktionen) her dem Bewußtsein zugänglich, aber die *Besetzungsenergie* wird diesen Inhalten des Über-Ichs nicht von der Hörwahrnehmung, dem Unterricht, der Lektüre, sondern von den Quellen im Es zugeführt.

Die Frage, deren Beantwortung wir zurückgestellt hatten, lautet: Wie geht es zu, daß das Über-Ich sich wesentlich als Schuldgefühl (besser: als Kritik; Schuldgefühl ist die dieser Kritik entsprechende Wahrnehmung im Ich) äußert und dabei eine so außerordentliche Härte und Strenge gegen das Ich entfaltet? Wenden wir uns zunächst zur Melancholie, so finden wir, daß das überstarke Über-Ich, welches das Bewußtsein an sich gerissen hat, gegen das Ich mit schonungsloser Heftigkeit wütet, als ob es sich des ganzen im Individuum verfügbaren Sadismus bemächtigt hätte. Nach unserer Auffassung des Sadismus würden wir sagen, die destruktive Komponente habe sich im Über-Ich abgelagert und gegen das Ich gewendet. Was nun im Über-Ich herrscht, ist wie eine Reinkultur des Todestriebes, und wirklich gelingt es diesem oft genug, das Ich in den Tod zu treiben, wenn das Ich sich nicht vorher durch den Umschlag in Manie seines Tyrannen erwehrt.

Ähnlich peinlich und quälerisch sind die Gewissensvorwürfe bei bestimmten Formen der Zwangsneurose, aber die Situation ist hier weniger durchsichtig. Es ist im Gegensatz zur Melancholie bemerkenswert, daß der Zwangskranke eigentlich niemals den Schritt der Selbsttötung macht, er ist wie immun gegen die Selbstmordgefahr, weit besser dagegen geschützt als der Hysteriker. Wir verstehen, es ist die Erhaltung des Objekts, die die Sicherheit des Ichs verbürgt. Bei der Zwangsneurose ist es durch eine Regression zur prägenitalen Organisation möglich geworden, daß die Liebesimpulse sich in Aggressionsimpulse gegen das Objekt umsetzen. Wiederum ist der Destruktionstrieb frei geworden und will das Objekt vernichten, oder es hat wenigstens den Anschein, als bestünde solche Absicht. Das Ich hat diese Tendenzen nicht aufgenommen, es sträubt sich gegen sie mit Reaktionsbildungen und Vorsichtsmaßregeln; sie verbleiben im Es. Das Über-Ich aber benimmt sich, als wäre das Ich für sie verantwortlich, und zeigt uns gleichzeitig durch den Ernst, mit dem es diese Vernichtungsabsichten verfolgt, daß es sich nicht um einen durch die Regression hervorgerufenen Anschein, sondern um wirklichen Ersatz von Liebe durch Haß handelt. Nach beiden Seiten hilflos, wehrt sich das Ich vergeblich gegen die Zumutungen des mörderischen Es wie gegen die Vorwürfe des strafenden Gewissens. Es gelingt ihm, gerade die gröbsten Aktionen beider zu hemmen, das Ergebnis ist zunächst eine endlose Selbstqual und in der weiteren Entwicklung eine systematische Quälerei des Objekts, wo dies zugänglich ist.

Die gefährlichen Todestriebe werden im Individuum auf verschiedene Weise behandelt, teils durch Mischung mit erotischen Komponenten unschädlich gemacht, teils als Aggression nach außen abgelenkt, zum großen Teil setzen sie gewiß unbehindert ihre innere Arbeit fort. Wie kommt es nun, daß bei der Melancholie das Über-Ich zu einer Art Sammelstätte der Todestriebe werden kann?

Vom Standpunkt der Triebeinschränkung, der Moralität, kann man sagen: Das Es ist ganz amoralisch, das Ich ist bemüht, moralisch zu sein, das Über-Ich kann hypermoralisch und dann so grausam werden wie nur das Es. Es ist merkwürdig, daß der Mensch, je mehr er seine Aggression nach außen einschränkt, desto strenger, also aggressiver in seinem Ichideal wird. Der gewöhnlichen Betrachtung erscheint dies umgekehrt, sie sieht in der Forderung des Ichideals das Motiv für die Unterdrückung der Aggression. Die Tatsache bleibt aber, wie wir sie ausgesprochen haben: Je mehr ein Mensch seine Aggression meistert, desto mehr steigert sich die Aggressionsneigung seines Ideals gegen sein Ich. Es ist wie eine Verschiebung, eine Wendung gegen das eigene Ich. Schon die gemeine, normale Moral hat den Charakter des hart Einschränkenden, grausam Verbietenden. Daher stammt ja die Konzeption des unerbittlich strafenden höheren Wesens.

Ich kann nun diese Verhältnisse nicht weiter erläutern, ohne eine neue Annahme einzuführen. Das Über-Ich ist ja durch eine Identifizierung mit dem Vatervorbild entstanden. Jede solche Identifizierung hat den Charakter einer Desexualisierung oder selbst Sublimierung. Es scheint nun, daß bei einer solchen Umsetzung auch eine Triebentmischung stattfindet. Die erotische Komponente hat nach der Sublimierung nicht mehr die Kraft, die ganze hinzugesetzte Destruktion zu binden, und diese wird als Aggressions- und Destruktionsneigung frei. Aus dieser Entmischung würde das Ideal überhaupt den harten, grausamen Zug des gebieterischen Sollens beziehen.

Noch ein kurzes Verweilen bei der Zwangsneurose. Hier liegen die Verhältnisse anders. Die Entmischung der Liebe zur

Aggression ist nicht durch eine Leistung des Ichs zustande gekommen, sondern die Folge einer Regression, die sich im Es vollzogen hat. Aber dieser Vorgang hat vom Es auf das Über-Ich übergegriffen, welches nun seine Strenge gegen das unschuldige Ich verschärft. In beiden Fällen würde aber das Ich, welches die Libido durch Identifizierung bewältigt hat, dafür die Strafe durch die der Libido beigemengte Aggression vom Über-Ich her erleiden.

Unsere Vorstellungen vom Ich beginnen sich zu klären, seine verschiedenen Beziehungen an Deutlichkeit zu gewinnen. Wir sehen das Ich jetzt in seiner Stärke und in seinen Schwächen. Es ist mit wichtigen Funktionen betraut, kraft seiner Beziehung zum Wahrnehmungssystem stellt es die zeitliche Anordnung der seelischen Vorgänge her und unterzieht dieselben der Realitätsprüfung. Durch die Einschaltung der Denkvorgänge erzielt es einen Aufschub der motorischen Entladungen und beherrscht die Zugänge zur Motilität. Letztere Herrschaft ist allerdings mehr formal als faktisch, das Ich hat in der Beziehung zur Handlung etwa die Stellung eines konstitutionellen Monarchen, ohne dessen Sanktion nichts Gesetz werden kann, der es sich aber sehr überlegt, ehe er gegen einen Vorschlag des Parlaments sein Veto einlegt. Das Ich bereichert sich bei allen Lebenserfahrungen von außen; das Es aber ist seine andere Außenwelt, die es sich zu unterwerfen strebt. Es entzieht dem Es Libido, bildet die Objektbesetzungen des Es zu Ichgestaltungen um. Mit Hilfe des Über-Ichs schöpft es in einer für uns noch dunklen Weise aus den im Es angehäuften Erfahrungen der Vorzeit.

Es gibt zwei Wege, auf denen der Inhalt des Es ins Ich eindringen kann. Der eine ist der direkte, der andere führt über das Ichideal, und es mag für manche seelische Tätigkeiten entscheidend sein, auf welchem der beiden Wege sie erfolgen. Das Ich entwickelt sich von der Triebwahrnehmung zur Triebbeherrschung, vom Triebgehorsam zur Triebhemmung. An dieser Leistung hat das Ichideal, das ja zum Teil eine Reaktionsbildung gegen die Triebvorgänge des Es ist, seinen starken Anteil. Die Psychoanalyse ist ein Werkzeug, welches dem Ich die fortschreitende Eroberung des Es ermöglichen soll.

Aber anderseits sehen wir dasselbe Ich als armes Ding, welches unter dreierlei Dienstbarkeiten steht und demzufolge unter den Drohungen von dreierlei Gefahren leidet, von der Außenwelt her, von der Libido des Es und von der Strenge des Über-Ichs. Dreierlei Arten von Angst entsprechen diesen drei Gefahren, denn Angst ist der Ausdruck eines Rückzuges vor der Gefahr. Als Grenzwesen will das Ich zwischen der Welt und dem Es vermitteln, das Es der Welt gefügig machen und die Welt mittels seiner Muskelaktionen dem Es-Wunsch gerecht machen. Es benimmt sich eigentlich wie der Arzt in einer analytischen Kur, indem es sich selbst mit seiner Rücksichtnahme auf die reale Welt dem Es als Libidoobjekt empfiehlt und dessen Libido auf sich lenken will. Es ist nicht nur der Helfer des Es, auch sein unterwürfiger Knecht, der um die Liebe seines Herrn wirbt. Es sucht, wo möglich, im Einvernehmen mit dem Es zu bleiben, überzieht dessen *ubw* Gebote mit seinen *vbw* Rationalisierungen, spiegelt den Gehorsam des Es gegen die Mahnungen der Realität vor, auch wo das Es starr und unnachgiebig geblieben ist, vertuscht die Konflikte des Es mit der Realität und, wo möglich, auch die mit dem Über-Ich. In seiner Mittelstellung zwischen Es und Realität unterliegt es nur zu oft der Versuchung, liebedienerisch, opportunistisch und lügnerisch zu werden, etwa wie ein Staatsmann, der bei guter Einsicht sich doch in der Gunst der öffentlichen Meinung behaupten will.

Zwischen beiden Triebarten hält es sich nicht unparteiisch. Durch seine Identifizierungs- und Sublimierungsarbeit leistet es den Todestrieben im Es Beistand zur Bewältigung der Libido, gerät aber dabei in Gefahr, zum Objekt der Todestriebe zu werden und selbst umzukommen. Es hat sich zu Zwecken der Hilfeleistung selbst mit Libido erfüllen müssen, wird dadurch selbst Vertreter des Eros und will nun leben und geliebt werden.

Da aber seine Sublimierungsarbeit eine Triebentmischung und Freiwerden der Aggressionstriebe im Über-Ich zur Folge hat, liefert es sich durch seinen Kampf gegen die Libido der Gefahr der

Mißhandlung und des Todes aus. Wenn das Ich unter der Aggression des Über-Ichs leidet oder selbst erliegt, so ist sein Schicksal ein Gegenstück zu dem der Protisten, die an den Zersetzungsprodukten zugrunde gehen, die sie selbst geschaffen haben. Als solches Zersetzungsprodukt im ökonomischen Sinne erscheint uns die im Über-Ich wirkende Moral.

Unter den Abhängigkeiten des Ichs ist wohl die vom Über-Ich die interessanteste.

Das Ich ist ja die eigentliche Angststätte. Von den dreierlei Gefahren bedroht, entwickelt das Ich den Fluchtreflex, indem es seine eigene Besetzung von der bedrohlichen Wahrnehmung oder dem ebenso eingeschätzten Vorgang im Es zurückzieht und als Angst ausgibt. Diese primitive Reaktion wird später durch Aufführung von Schutzbesetzungen abgelöst (Mechanismus der Phobien). Was das Ich von der äußeren und von der Libidogefahr im Es befürchtet, läßt sich nicht angeben; wir wissen, es ist Überwältigung oder Vernichtung, aber es ist analytisch nicht zu fassen. Das Ich folgt einfach der Warnung des Lustprinzips. Hingegen läßt sich sagen, was sich hinter der Angst des Ichs vor dem Über-Ich, der Gewissensangst, verbirgt. Vom höheren Wesen, welches zum Ichideal wurde, drohte einst die Kastration, und diese Kastrationsangst ist wahrscheinlich der Kern, um den sich die spätere Gewissensangst ablagert, sie ist es, die sich als Gewissensangst fortsetzt.

Der volltönende Satz: jede Angst sei eigentlich Todesangst, schließt kaum einen Sinn ein, ist jedenfalls nicht zu rechtfertigen. Es scheint mir vielmehr durchaus richtig, die Todesangst von der Objekt-(Real-)Angst und von der neurotischen Libidoangst zu sondern. Sie gibt der Psychoanalyse ein schweres Problem auf, denn Tod ist ein abstrakter Begriff von negativem Inhalt, für den eine unbewußte Entsprechung nicht zu finden ist. Der Mechanismus der Todesangst könnte nur sein, daß das Ich seine narzißtische Libidobesetzung in reichlichem Ausmaß entläßt, also sich selbst aufgibt wie sonst im Angstfalle ein anderes Objekt. Ich meine, daß die Todesangst sich zwischen Ich und Über-Ich abspielt.

Wir kennen das Auftreten von Todesangst unter zwei Bedingungen, die übrigens denen der sonstigen Angstentwicklung durchaus analog sind, als Reaktion auf eine äußere Gefahr und als inneren Vorgang, zum Beispiel bei Melancholie. Der neurotische Fall mag uns wieder einmal zum Verständnis des realen verhelfen.

Die Todesangst der Melancholie läßt nur die eine Erklärung zu, daß das Ich sich aufgibt, weil es sich vom Über-Ich gehaßt und verfolgt anstatt geliebt fühlt. Leben ist also für das Ich gleichbedeutend mit Geliebtwerden, vom Über-Ich geliebt werden, das auch hier als Vertreter des Es auftritt. Das Über-Ich vertritt dieselbe schützende und rettende Funktion wie früher der Vater, später die Vorsehung oder das Schicksal. Denselben Schluß muß das Ich aber auch ziehen, wenn es sich in einer übergroßen realen Gefahr befindet, die es aus eigenen Kräften nicht glaubt überwinden zu können. Es sieht sich von allen schützenden Mächten verlassen und läßt sich sterben. Es ist übrigens immer noch dieselbe Situation, die dem ersten großen Angstzustand der Geburt und der infantilen Sehnsucht-Angst zugrunde lag, die der Trennung von der schützenden Mutter.

Auf Grund dieser Darlegungen kann also die Todesangst wie die Gewissensangst als Verarbeitung der Kastrationsangst aufgefaßt werden. Bei der großen Bedeutung des Schuldgefühls für die Neurosen ist es auch nicht von der Hand zu weisen, daß die gemeine neurotische Angst in schweren Fällen eine Verstärkung durch die Angstentwicklung zwischen Ich und Über-Ich (Kastrations-, Gewissens-, Todesangst) erfährt.

Das Es, zu dem wir am Ende zurückführen, hat keine Mittel, dem Ich Liebe oder Haß zu bezeugen. Es kann nicht sagen, was es will; es hat keinen einheitlichen Willen zustande gebracht. Eros und Todestrieb kämpfen in ihm; wir haben gehört, mit welchen Mitteln sich die einen Triebe gegen die anderen zur Wehre setzen. Wir könnten es so darstellen, als ob das Es unter der Herrschaft der stummen, aber mächtigen Todestriebe stünde, die Ruhe haben und den Störenfried Eros nach den Winken des Lustprinzips zur Ruhe bringen wollen, aber wir besorgen, doch dabei die Rolle des Eros zu unterschätzen.

ANDERE WERKE

Zwei Kinderlügen

(1913)

Es ist begreiflich, daß Kinder lügen, wenn sie damit die Lügen der Erwachsenen nachahmen. Aber eine Anzahl von Lügen von gut geratenen Kindern haben eine besondere Bedeutung und sollten die Erzieher nachdenklich machen, anstatt sie zu erbittern. Sie erfolgen unter dem Einfluß überstarker Liebesmotive und werden verhängnisvoll, wenn sie ein Mißverständnis zwischen dem Kinde und der von ihm geliebten Person herbeiführen.

I

Das siebenjährige Mädchen (im zweiten Schuljahr) hat vom Vater Geld verlangt, um Farben zum Bemalen von Ostereiern zu kaufen. Der Vater hat es abgeschlagen mit der Begründung, er habe kein Geld. Kurz darauf verlangt es vom Vater Geld, um zu einem Kranz für die verstorbene Landesfürstin beizusteuern. Jedes der Schulkinder soll fünfzig Pfennige bringen. Der Vater gibt ihr zehn Mark; sie bezahlt ihren Beitrag, legt dem Vater neun Mark auf den Schreibtisch und hat für die übrigen fünfzig Pfennige Farben gekauft, die sie im Spielschrank verbirgt. Bei Tisch fragt der Vater argwöhnisch, was sie mit den fehlenden fünfzig Pfennigen gemacht und ob sie dafür nicht doch Farben gekauft hat. Sie leugnet es, aber der um zwei Jahre ältere Bruder, mit dem gemeinsam sie die Eier bemalen wollte, verrät sie; die Farben werden im Schrank gefunden. Der erzürnte Vater überläßt die Missetäterin der Mutter zur Züchtigung, die sehr energisch ausfällt. Die Mutter ist nachher selbst erschüttert, als sie merkt, wie sehr das Kind verzweifelt ist. Sie liebkost es nach der Züchtigung, geht mit ihm spazieren, um es zu trösten. Aber die Wirkungen dieses Erlebnisses, von der Patientin selbst als »Wendepunkt« ihrer Jugend bezeichnet, erweisen sich als unaufhebbar. Sie war bis dahin ein wildes, zuversichtliches Kind, sie wird von da an scheu und zaghaft. In ihrer Brautzeit gerät sie in eine ihr unverständliche Wut, als die Mutter ihr die Möbel und Aussteuer besorgt. Es schwebt ihr vor, es ist doch ihr Geld, dafür darf kein anderer etwas kaufen. Als junge Frau scheut sie sich, von ihrem Manne Ausgaben für ihren persönlichen Bedarf zu verlangen, und scheidet in überflüssiger Weise »ihr« Geld von seinem Geld. Während der Zeit der Behandlung trifft es sich einige Male, daß die Geldzusendungen ihres Mannes sich verspäten, so daß sie in der fremden Stadt mittellos bleibt. Nachdem sie mir dies einmal erzählt hat, will ich ihr das Versprechen abnehmen, in der Wiederholung dieser Situation die kleine Summe, die sie unterdes braucht, von mir zu entlehnen. Sie gibt dieses Versprechen, hält es aber bei der nächsten Geldverlegenheit nicht ein und zieht es vor, ihre Schmuckstücke zu verpfänden. Sie erklärt, sie kann kein Geld von mir nehmen.

Die Aneignung der fünfzig Pfennige in der Kindheit hatte eine Bedeutung, die der Vater nicht ahnen konnte. Einige Zeit vor der Schule hatte sie ein merkwürdiges Stückchen mit Geld aufgeführt. Eine befreundete Nachbarin hatte sie mit einem kleinen Geldbetrag als Begleiterin ihres noch jüngeren Söhnchens in einen Laden geschickt, um irgend etwas einzukaufen. Den Rest des Geldes nach dem Einkaufe trug sie als die ältere nach Hause. Als sie aber auf der Straße dem Dienstmädchen der Nachbarin begegnete, warf sie das Geld auf das Straßenpflaster hin. Zur Analyse dieser ihr selbst unerklärlichen Handlung fiel ihr Judas ein, der die Silberlinge hinwarf, die er für den Verrat am Herrn bekommen. Sie erklärt es für sicher, daß sie mit der Passionsgeschichte schon vor dem Schulbesuch bekannt wurde. Aber inwiefern durfte sie sich mit Judas identifizieren?

Im Alter von dreieinhalb Jahren hatte sie ein Kindermädchen, dem sie sich sehr innig anschloß. Dieses Mädchen geriet in erotische Beziehungen zu einem Arzt, dessen Ordination sie mit dem Kinde besuchte. Es scheint, daß das Kind damals Zeuge verschiedener sexueller Vorgänge wurde. Ob sie sah, daß der Arzt dem Mädchen Geld gab, ist nicht sichergestellt; unzweifelhaft aber, daß das Mädchen dem Kinde kleine Münzen schenkte, um sich seiner Verschwiegenheit zu versichern, für welche auf dem Heimwege Einkäufe (wohl an Süßigkeiten) gemacht wurden. Es ist auch möglich, daß der Arzt selbst dem Kinde gelegentlich Geld schenkte. Dennoch verriet das Kind sein Mädchen an die Mutter, aus Eifersucht. Es spielte so auffällig mit den heimgebrachten Groschen, daß die Mutter fragen mußte: Woher hast du das Geld? Das Mädchen wurde weggeschickt.

Geld von jemandem nehmen hatte also für sie frühzeitig die Bedeutung der körperlichen Hingebung, der Liebesbeziehung, bekommen. Vom Vater Geld nehmen hatte den Wert einer Liebeserklärung. Die Phantasie, daß der Vater ihr Geliebter sei, war so verführerisch, daß der Kinderwunsch nach den Farben für die Ostereier sich mit ihrer Hilfe gegen das Verbot leicht durchsetzte. Eingestehen konnte sie aber die Aneignung des Geldes nicht, sie mußte leugnen, weil das Motiv der Tat, ihr selbst unbewußt, nicht einzugestehen war. Die Züchtigung des Vaters war also eine Abweisung der ihm angebotenen Zärtlichkeit, eine Verschmähung, und brach darum ihren Mut. In der Behandlung brach ein schwerer Verstimmungszustand los, dessen Auflösung zu der Erinnerung des hier Mitgeteilten führte, als ich einmal genötigt war, die Verschmähung zu kopieren, indem ich sie bat, keine Blumen mehr zu bringen.

Für den Psychoanalytiker bedarf es kaum der Hervorhebung, daß in dem kleinen Erlebnis des Kindes einer jener so überaus häufigen Fälle von Fortsetzung der früheren Analerotik in das spätere Liebesleben vorliegt. Auch die Lust, die Eier farbig zu bemalen, entstammt derselben Quelle.

II

Eine heute infolge einer Versagung im Leben schwerkranke Frau war früher einmal ein besonders tüchtiges, wahrheitsliebendes, ernsthaftes und gutes Mädchen gewesen und dann eine zärtliche Frau geworden. Noch früher aber, in den ersten Lebensjahren, war sie ein eigensinniges und unzufriedenes Kind gewesen, und während sie sich ziemlich rasch zur Übergüte und Übergewissenhaftigkeit wandelte, ereigneten sich noch in ihrer Schulzeit Dinge, die ihr in den Zeiten der Krankheit schwere Vorwürfe einbrachten und von ihr als Beweise gründlicher Verworfenheit beurteilt wurden. Ihre Erinnerung sagte ihr, daß sie damals oft geprahlt und gelogen hatte. Einmal rühmte sich auf dem Schulweg eine Kollegin: Gestern haben wir zu Mittag Eis gehabt. Sie erwiderte: Oh, Eis haben wir alle Tage. In Wirklichkeit verstand sie nicht, was Eis zur Mittagsmahlzeit bedeuten sollte; sie kannte das Eis nur in den langen Blöcken, wie es auf Wagen verführt wird, aber sie nahm an, es müsse etwas Vornehmes damit gemeint sein, und darum wollte sie hinter der Kollegin nicht zurückbleiben.

Als sie zehn Jahre alt war, wurde in der Zeichenstunde einmal die Aufgabe gegeben, aus freier Hand einen Kreis zu ziehen. Sie bediente sich dabei aber des Zirkels, brachte so leicht einen vollkommenen Kreis zustande und zeigte ihre Leistung triumphierend ihrer Nachbarin. Der Lehrer kam hinzu, hörte die Prahlerin, entdeckte die Zirkelspuren in der Kreislinie und stellte das Mädchen zur Rede. Dieses aber leugnete hartnäckig, ließ sich durch keine Beweise überführen und half sich durch trotziges Verstummen. Der Lehrer konferierte darüber mit dem Vater; beide ließen sich durch die sonstige Bravheit des Mädchens bestimmen, dem Vergehen keine weitere Folge zu geben.

Beide Lügen des Kindes waren durch den nämlichen Komplex motiviert. Als älteste von fünf Geschwistern entwickelte die Kleine frühzeitig eine ungewöhnlich intensive Anhänglichkeit an den Vater, an welcher dann in reifen Jahren ihr Lebensglück scheitern sollte. Sie mußte aber bald die Entdeckung machen, daß dem geliebten Vater nicht die Größe zukomme, die sie ihm zuzuschreiben bereit war. Er hatte mit Geldschwierigkeiten zu kämpfen, er war nicht so mächtig oder so vornehm, wie sie gemeint hatte. Diesen Abzug von ihrem Ideal konnte sie sich aber nicht gefallen lassen. Indem sie nach Art des Weibes ihren ganzen Ehrgeiz auf den geliebten Mann verlegte, wurde es zum überstarken Motiv für sie, den Vater gegen die Welt zu stützen. Sie prahlte also vor den Kolleginnen, um den Vater nicht verkleinern zu müssen. Als sie später das Eis beim Mittagessen mit » glace« übersetzen lernte, war der Weg gebahnt, auf welchem dann der Vorwurf wegen dieser Reminiszenz in eine Angst vor Glasscherben und Splittern einmünden konnte.

Der Vater war ein vorzüglicher Zeichner und hatte durch die Proben seines Talents oft genug das Entzücken und die Bewunderung der Kinder hervorgerufen. In der Identifizierung mit dem Vater zeichnete sie in der Schule jenen Kreis, der ihr nur durch betrügerische Mittel gelingen konnte. Es war, als ob sie sich rühmen wollte: Schau her, was mein Vater kann! Das Schuldbewußtsein, das der überstarken Neigung zum Vater anhaftete, fand in dem versuchten Betrug seinen Ausdruck; ein Geständnis war aus demselben Grunde unmöglich wie in der vorstehenden Beobachtung, es hätte das Geständnis der verborgenen inzestuösen Liebe sein müssen.

Man möge nicht gering denken von solchen Episoden des Kinderlebens. Es wäre eine arge Verfehlung, wenn man aus solchen kindlichen Vergehen die Prognose auf Entwicklung eines unmoralischen Charakters stellen würde. Wohl aber hängen sie mit den stärksten Motiven der kindlichen Seele zusammen und künden die Dispositionen zu späteren Schicksalen oder künftigen Neurosen an.

Meine Ansichten über die Rolle der Sexualität in der Ätiologie der Neurosen

(1906)

Ich bin der Meinung, daß man meine Theorie über die ätiologische Bedeutung des sexuellen Momentes für die Neurosen am besten würdigt, wenn man ihrer Entwicklung nachgeht. Ich habe nämlich keineswegs das Bestreben abzuleugnen, daß sie eine Entwicklung durchgemacht und sich während derselben verändert hat. Die Fachgenossen könnten in diesem Zugeständnis die Gewähr finden, daß diese Theorie nichts anderes ist als der Niederschlag fortgesetzter und vertiefter Erfahrungen. Was im Gegensatze hierzu der Spekulation entsprungen ist, das kann allerdings leicht mit einem Schlage vollständig und dann unveränderlich auftreten.

Die Theorie bezog sich ursprünglich bloß auf die als »Neurasthenie« zusammengefaßten Krankheitsbilder, unter denen mir zwei gelegentlich auch rein auftretende Typen auffielen, die ich als » *eigentliche Neurasthenie*« und als » *Angstneurose*« beschrieben habe. Es war ja immer bekannt, daß sexuelle Momente in der Verursachung dieser Formen eine Rolle spielen können, aber man fand dieselben weder regelmäßig wirksam, noch dachte man daran, ihnen einen Vorrang vor anderen ätiologischen Einflüssen einzuräumen. Ich wurde zunächst von der Häufigkeit grober Störungen in der *vita sexualis* der Nervösen überrascht; je mehr ich darauf ausging, solche Störungen zu suchen, wobei ich mir vorhielt, daß die Menschen alle in sexuellen Dingen die Wahrheit verhehlen, und je geschickter ich wurde, das Examen trotz einer anfänglichen Verneinung fortzusetzen, desto regelmäßiger ließen sich solche krank machende Momente aus dem Sexualleben auffinden, bis mir zu deren Allgemeinheit wenig zu fehlen schien. Man mußte aber von vornherein auf ein ähnlich häufiges Vorkommen sexueller Unregelmäßigkeiten unter dem Drucke der sozialen Verhältnisse in unserer Gesellschaft gefaßt sein und konnte im Zweifel bleiben, welches Maß von

Abweichung von der normalen Sexualfunktion als Krankheitsursache betrachtet werden dürfe. Ich konnte daher auf den regelmäßigen Nachweis sexueller Noxen nur weniger Wert legen als auf eine zweite Erfahrung, die mir eindeutiger erschien. Es ergab sich, daß die Form der Erkrankung, ob Neurasthenie oder Angstneurose, eine konstante Beziehung zur Art der sexuellen Schädlichkeit zeige. In den typischen Fällen der Neurasthenie war regelmäßig Masturbation oder gehäufte Pollutionen, bei der Angstneurose waren Faktoren wie der *coitus interruptus,* die »frustrane Erregung« und andere nachweisbar, an denen das Moment der ungenügenden Abfuhr der erzeugten Libido das Gemeinsame schien. Erst seit dieser leicht zu machenden und beliebig oft zu bestätigenden Erfahrung hatte ich den Mut, für die sexuellen Einflüsse eine bevorzugte Stellung in der Ätiologie der Neurosen zu beanspruchen. Es kam hinzu, daß bei den so häufigen Mischformen von Neurasthenie und Angstneurose auch die Vermengung der für die beiden Formen angenommenen Ätiologien aufzuzeigen war und daß eine solche Zweiteilung in der Erscheinungsform der Neurose zu dem polaren Charakter der Sexualität (männlich und weiblich) gut zu stimmen schien.

Zur gleichen Zeit, während ich der Sexualität diese Bedeutung für die Entstehung der einfachen Neurosen zuwies ›Über die Berechtigung, von der Neurasthenie einen bestimmten Symptomenkomplex als »Angstneurose« abzutrennen‹ (1895 *b*)., huldigte ich noch in betreff der Psychoneurosen (Hysterie und Zwangsvorstellungen) einer rein psychologischen Theorie, in welcher das sexuelle Moment nicht anders als andere emotionelle Quellen in Betracht kam. Ich hatte im Verein mit J. Breuer und im Anschluß an Beobachtungen, die er gut ein Dezennium vorher an einer hysterischen Kranken gemacht hatte, den Mechanismus der Entstehung hysterischer Symptome mittels des Erweckens von Erinnerungen im hypnotischen Zustande studiert, und wir waren zu Aufschlüssen gelangt, welche gestatteten, die Brücke von der traumatischen Hysterie Charcots zur gemeinen, nicht traumatischen, zu schlagen. Wir waren zur Auffassung gelangt, daß die hysterischen Symptome Dauerwirkungen von psychischen Traumen sind, deren zugehörige Affektgröße durch besondere Bedingungen von bewußter Bearbeitung abgedrängt worden ist und sich darum einen abnormen Weg in die Körperinnervation gebahnt hat. Die Termini » *eingeklemmter Affekt*«, » *Konversion*« und » *Abreagieren*« fassen das Kennzeichnende dieser Anschauung zusammen.

Bei den nahen Beziehungen der Psychoneurosen zu den einfachen Neurosen, die ja so weit gehen, daß dem Ungeübten die diagnostische Unterscheidung nicht immer leichtfällt, konnte es aber nicht ausbleiben, daß die für das eine Gebiet gewonnene Erkenntnis auch für das andere Platz griff. Überdies führte, von solcher Beeinflussung abgesehen, auch die Vertiefung in den psychischen Mechanismus der hysterischen Symptome zu dem gleichen Ergebnis. Wenn man nämlich bei dem von Breuer und mir eingesetzten »kathartischen« Verfahren den psychischen Traumen, von denen sich die hysterischen Symptome ableiteten, immer weiter nachspürte, gelangte man endlich zu Erlebnissen, welche der Kindheit des Kranken angehörten und sein Sexualleben betrafen, und zwar auch in solchen Fällen, in denen eine banale Emotion nicht sexueller Natur den Ausbruch der Krankheit veranlaßt hatte. Ohne diese sexuellen Traumen der Kinderzeit in Betracht zu ziehen, konnte man weder die Symptome aufklären, deren Determinierung verständlich finden, noch deren Wiederkehr verhüten. Somit schien die unvergleichliche Bedeutung sexueller Erlebnisse für die Ätiologie der Psychoneurosen als unzweifelhaft festgestellt, und diese Tatsache ist auch bis heute einer der Grundpfeiler der Theorie geblieben.

Wenn man diese Theorie so darstellt, die Ursache der lebenslangen hysterischen Neurose liege in den meist an sich geringfügigen sexuellen Erlebnissen der frühen Kinderzeit, so mag sie allerdings befremdend genug klingen. Nimmt man aber auf die historische Entwicklung der Lehre Rücksicht, verlegt den Hauptinhalt derselben in den Satz, die Hysterie sei der Ausdruck eines besonderen Verhaltens der Sexualfunktion des Individuums und dieses Verhalten werde bereits durch die ersten in der Kindheit einwirkenden Einflüsse und Erlebnisse maßgebend bestimmt, so sind wir zwar um ein Paradoxon ärmer, aber um ein Motiv bereichert worden, den bisher arg vernachlässigten, höchst bedeutsamen Nachwirkungen der Kindheitseindrücke überhaupt unsere Aufmerksamkeit zu schenken.

Indem ich mir vorbehalte, die Frage, ob man in den sexuellen Kindererlebnissen die Ätiologie der Hysterie (und Zwangsneurose) sehen dürfe, weiter unten gründlicher zu behandeln, kehre ich zu der Gestaltung der Theorie zurück, welche diese in einigen kleinen, vorläufigen Publikationen der Jahre 1895 und 1896 angenommen hat ›Weitere Bemerkungen über die Abwehr-Neuropsychosen‹ (1896 *b*). – ›Zur Ätiologie der Hysterie‹ (1896 *c*).. Die Hervorhebung der angenommenen ätiologischen Momente gestattete damals, die gemeinen Neurosen als Erkrankungen mit aktueller Ätiologie den Psychoneurosen gegenüberzustellen, deren Ätiologie vor allem in den sexuellen Erlebnissen der Vorzeit zu suchen war. Die Lehre gipfelte in dem Satze: Bei normaler *vita sexualis* ist eine Neurose unmöglich.

Wenn ich auch diese Sätze noch heute nicht für unrichtig halte, so ist es doch nicht zu verwundern, daß ich in zehn Jahren fortgesetzter Bemühung um die Erkenntnis dieser Verhältnisse über meinen damaligen Standpunkt ein gutes Stück weit hinausgekommen bin und mich heute in der Lage glaube, die Unvollständigkeit, die Verschiebungen und die Mißverständnisse, an denen die Lehre damals litt, durch eingehendere Erfahrung zu korrigieren. Ein Zufall des damals noch spärlichen Materials hatte mir eine unverhältnismäßig große Anzahl von Fällen zugeführt, in deren Kindergeschichte die sexuelle Verführung durch Erwachsene oder andere ältere Kinder die Hauptrolle spielte. Ich überschätzte die Häufigkeit dieser (sonst nicht anzuzweifelnden) Vorkommnisse, da ich überdies zu jener Zeit nicht imstande war, die Erinnerungstäuschungen der Hysterischen über ihre Kindheit von den Spuren der wirklichen Vorgänge sicher zu unterscheiden, während ich seitdem gelernt habe, so manche

Verführungsphantasie als Abwehrversuch gegen die Erinnerung der eigenen sexuellen Betätigung (Kindermasturbation) aufzulösen. Mit dieser Aufklärung entfiel die Betonung des »traumatischen« Elementes an den sexuellen Kindererlebnissen, und es blieb die Einsicht übrig, daß die infantile Sexualbetätigung (ob spontan oder provoziert) dem späteren Sexualleben nach der Reife die Richtung vorschreibt. Dieselbe Aufklärung, die ja den bedeutsamsten meiner anfänglichen Irrtümer korrigierte, mußte auch die Auffassung vom Mechanismus der hysterischen Symptome verändern. Dieselben erschienen nun nicht mehr als direkte Abkömmlinge der verdrängten Erinnerungen an sexuelle Kindheitserlebnisse, sondern zwischen die Symptome und die infantilen Eindrücke schoben sich nun die (meist in den Pubertätsjahren produzierten) Phantasien (Erinnerungsdichtungen) der Kranken ein, die auf der einen Seite sich aus und über den Kindheitserinnerungen aufbauten, auf der anderen sich unmittelbar in die Symptome umsetzten. Erst mit der Einführung des Elements der hysterischen Phantasien wurde das Gefüge der Neurose und deren Beziehung zum Leben der Kranken durchsichtig; auch ergab sich eine wirklich überraschende Analogie zwischen diesen unbewußten Phantasien der Hysteriker und den als Wahn bewußtgewordenen Dichtungen bei der Paranoia.

Nach dieser Korrektur waren die »infantilen Sexualtraumen« in gewissem Sinne durch den »Infantilismus der Sexualität« ersetzt. Eine zweite Abänderung der ursprünglichen Theorie lag nicht ferne. Mit der angenommenen Häufigkeit der Verführung in der Kindheit entfiel auch die übergroße Betonung der *akzidentellen* Beeinflussung der Sexualität, welcher ich bei der Verursachung des Krankseins die Hauptrolle zuschieben wollte, ohne darum konstitutionelle und hereditäre Momente zu leugnen. Ich hatte sogar gehofft, das Problem der Neurosenwahl, die Entscheidung darüber, welcher Form von Psychoneurose der Kranke verfallen solle, durch die Einzelheiten der sexuellen Kindererlebnisse zu lösen, und damals – wenn auch mit

Zurückhaltung – gemeint, daß passives Verhalten bei diesen Szenen die spezifische Disposition zur Hysterie, aktives dagegen die für die Zwangsneurose ergebe. Auf diese Auffassung mußte ich später völlig Verzicht leisten, wenngleich manches Tatsächliche den geahnten Zusammenhang zwischen Passivität und Hysterie, Aktivität und Zwangsneurose in irgendeiner Weise aufrechtzuhalten gebietet. Mit dem Rücktritt der akzidentellen Einflüsse des Erlebens mußten die Momente der Konstitution und Heredität wieder die Oberhand behaupten, aber mit dem Unterschiede gegen die sonst herrschende Anschauung, daß bei mir die »sexuelle Konstitution« an die Stelle der allgemeinen neuropathischen Disposition trat. In meinen jüngst erschienenen *Drei Abhandlungen zur Sexualtheorie* (1905 *d*) habe ich den Versuch gemacht, die Mannigfaltigkeiten dieser sexuellen Konstitution sowie die Zusammengesetztheit des Sexualtriebes überhaupt und dessen Herkunft aus verschiedenen Beitragsquellen im Organismus zu schildern.

Immer noch im Zusammenhange mit der veränderten Auffassung der »sexuellen Kindertraumen« entwickelte sich nun die Theorie nach einer Richtung weiter, die schon in den Veröffentlichungen der Jahre 1894 bis 1896 angezeigt worden war. Ich hatte bereits damals, und noch ehe die Sexualität in die ihr gebührende Stellung in der Ätiologie eingesetzt war, als Bedingung für die pathogene Wirksamkeit eines Erlebnisses angegeben, daß dieses dem Ich unerträglich erscheinen und ein Bestreben zur Abwehr hervorrufen müsse ›Die Abwehr-Neuropsychosen: Versuch einer psychologischen Theorie der akquirierten Hysterie, vieler Phobien und Zwangsvorstellungen und gewisser halluzinatorischer Psychosen‹ (1894 *a*).. Auf diese Abwehr hatte ich die psychische Spaltung – oder wie man damals sagte: die Bewußtseinsspaltung – der Hysterie zurückgeführt. Gelang die Abwehr, so war das unerträgliche Erlebnis mit seinen Affektfolgen aus dem Bewußtsein und der Erinnerung des Ichs vertrieben; unter gewissen Verhältnissen entfaltete aber das Vertriebene als ein nun Unbewußtes seine Wirksamkeit und kehrte mittels der Symptome und der an ihnen haftenden Affekte ins Bewußtsein zurück, so daß die Erkrankung einem Mißglücken der Abwehr entsprach. Diese Auffassung hatte das Verdienst, auf das Spiel der psychischen Kräfte einzugehen und somit die seelischen Vorgänge der Hysterie den normalen anzunähern, anstatt die Charakteristik der Neurose in eine rätselhafte und weiter nicht analysierbare Störung zu verlegen.

Als nun weitere Erkundigungen bei normal gebliebenen Personen das unerwartete Ergebnis lieferten, daß deren sexuelle Kindergeschichte sich nicht wesentlich von dem Kinderleben der Neurotiker zu unterscheiden brauche, daß speziell die Rolle der Verführung bei ersteren die gleiche sei, traten die akzidentellen Einflüsse noch mehr gegen den der » Verdrängung« (wie ich anstatt »Abwehr« zu sagen begann) zurück. Es kam also nicht darauf an, was ein Individuum in seiner Kindheit an sexuellen Erregungen erfahren hatte, sondern vor allem auf seine Reaktion gegen diese Erlebnisse, ob es diese Eindrücke mit der »Verdrängung« beantwortet habe oder nicht. Bei spontaner infantiler Sexualbetätigung ließ sich zeigen, daß dieselbe häufig im Laufe der Entwicklung durch einen Akt der Verdrängung abgebrochen wurde. Das geschlechtsreife neurotische Individuum brachte so ein Stück »Sexualverdrängung« regelmäßig aus seiner Kindheit mit, das bei den Anforderungen des realen Lebens zur Äußerung kam, und die Psychoanalysen Hysterischer zeigten, daß ihre Erkrankung ein Erfolg des Konflikts zwischen der Libido und der Sexualverdrängung sei und daß ihre Symptome den Wert von Kompromissen zwischen beiden seelischen Strömungen haben.

Ohne eine ausführliche Erörterung meiner Vorstellungen von der Verdrängung könnte ich diesen Teil der Theorie nicht weiter aufklären. Es genüge, hier auf meine *Drei Abhandlungen zur Sexualtheorie* (1905 *d*) hinzuweisen, wo ich auf die somatischen Vorgänge, in denen das Wesen der Sexualität zu suchen ist, ein allerdings erst spärliches Licht zu werfen versucht habe. Ich habe dort ausgeführt, daß die konstitutionelle sexuelle Anlage des Kindes eine ungleich buntere ist, als man erwarten konnte, daß sie

»polymorph pervers« genannt zu werden verdient und daß aus dieser Anlage durch Verdrängung gewisser Komponenten das sogenannte normale Verhalten der Sexualfunktion hervorgeht. Ich konnte durch den Hinweis auf die infantilen Charaktere der Sexualität eine einfache Verknüpfung zwischen Gesundheit, Perversion und Neurose herstellen. *Die Norm* ergab sich aus der Verdrängung gewisser Partialtriebe und Komponenten der infantilen Anlagen und der Unterordnung der übrigen unter das Primat der Genitalzonen im Dienste der Fortpflanzungsfunktion; *die Perversionen* entsprachen Störungen dieser Zusammenfassung durch die übermächtige zwangsartige Entwicklung einzelner dieser Partialtriebe, und *die Neurose* führte sich auf eine zu weitgehende Verdrängung der libidinösen Strebungen zurück. Da fast alle perversen Triebe der infantilen Anlage als symptombildende Kräfte bei der Neurose nachweisbar sind, sich aber bei ihr im Zustande der Verdrängung befinden, konnte ich die Neurose als das »Negativ« der Perversion bezeichnen.

Ich halte es der Hervorhebung wert, daß meine Anschauungen über die Ätiologie der Psychoneurosen bei allen Wandlungen doch zwei Gesichtspunkte nie verleugnet oder verlassen haben, die Schätzung der *Sexualität* und des *Infantilismus*. Sonst sind an die Stelle akzidenteller Einflüsse konstitutionelle Momente, für die rein psychologisch gemeinte »Abwehr« ist die organische »Sexualverdrängung« eingetreten. Sollte nun jemand fragen, wo ein zwingender Beweis für die behauptete ätiologische Bedeutung sexueller Faktoren bei den Psychoneurosen zu finden sei, da man doch diese Erkrankungen auf die banalsten Gemütsbewegungen und selbst auf somatische Anlässe hin ausbrechen sieht, auf eine spezifische Ätiologie in Gestalt besonderer Kindererlebnisse verzichten muß, so nenne ich die psychoanalytische Erforschung der Neurotiker als die Quelle, aus welcher die bestrittene Überzeugung zufließt. Man erfährt, wenn man sich dieser unersetzlichen Untersuchungsmethode bedient, *daß die Symptome die Sexualbetätigung der Kranken darstellen*, die ganze oder eine partielle, aus den Quellen normaler oder perverser Partialtriebe der Sexualität. Nicht nur, daß ein guter Teil der hysterischen Symptomatologie direkt aus den Äußerungen der sexuellen Erregtheit herstammt, nicht nur, daß eine Reihe von erogenen Zonen in der Neurose in Verstärkung infantiler Eigenschaften sich zur Bedeutung von Genitalien erhebt; die kompliziertesten Symptome selbst enthüllen sich als die konvertierten Darstellungen von Phantasien, welche eine sexuelle Situation zum Inhalte haben. Wer die Sprache der Hysterie zu deuten versteht, kann vernehmen, daß die Neurose nur von der verdrängten Sexualität der Kranken handelt. Man wolle nur die Sexualfunktion in ihrem richtigen, durch die infantile Anlage umschriebenen Umfange verstehen. Wo eine banale Emotion zur Verursachung der Erkrankung gerechnet werden muß, weist die Analyse regelmäßig nach, daß die nicht fehlende sexuelle Komponente des traumatischen Erlebnisses die pathogene Wirkung ausgeübt hat.

Wir sind unversehens von der Frage nach der Verursachung der Psychoneurosen zum Problem ihres Wesens vorgedrungen. Will man dem Rechnung tragen, was man durch die Psychoanalyse erfahren hat, so kann man nur sagen, das Wesen dieser Erkrankungen liege in Störungen der Sexualvorgänge, jener Vorgänge im Organismus, welche die Bildung und Verwendung der geschlechtlichen Libido bestimmen. Es ist kaum zu vermeiden, daß man sich diese Vorgänge in letzter Linie als chemische vorstelle, so daß man in den sogenannten aktuellen Neurosen die somatischen, in den Psychoneurosen außerdem noch die psychischen Wirkungen der Störungen im Sexualstoffwechsel erkennen dürfte. Die Ähnlichkeit der Neurosen mit den Intoxikations- und Abstinenzerscheinungen nach gewissen Alkaloiden, mit dem Morbus Basedowi und Morbus Addisoni drängt sich ohne weiteres klinisch auf, und so wie man diese beiden letzteren Erkrankungen nicht mehr als »Nervenkrankheiten« beschreiben darf, so werden wohl auch bald die echten »Neurosen« ihrer Namengebung zum Trotze aus dieser Klasse entfernt werden müssen.Zur Ätiologie der Neurosen gehört dann alles, was schädigend auf die der Sexualfunktion dienenden Vorgänge einwirken kann. In erster Linie also die Noxen, welche die Sexualfunktion selbst betreffen, insoferne diese von der mit Kultur und Erziehung veränderlichen Sexualkonstitution als Schädlichkeiten angenommen werden. In zweiter Linie stehen alle andersartigen Noxen und Traumen, welche sekundär durch Allgemeinschädigung des Organismus die Sexualvorgänge in demselben zu schädigen vermögen. Man vergesse aber nicht, daß das ätiologische Problem bei den Neurosen mindestens ebenso kompliziert ist wie sonst bei der Krankheitsverursachung. Eine einzige pathogene Einwirkung ist fast niemals hinreichend; zu allermeist wird eine Mehrheit von ätiologischen Momenten erfordert, die einander unterstützen, die man also nicht in Gegensatz zueinander bringen darf. Dafür ist auch der Zustand des neurotischen Krankseins von dem der Gesundheit nicht scharf geschieden. Die Erkrankung ist das Ergebnis einer Summation, und das Maß der ätiologischen Bedingungen kann von irgendeiner Seite her vollgemacht werden. Die Ätiologie der Neurosen ausschließlich in der Heredität oder in der Konstitution zu suchen, wäre keine geringere Einseitigkeit, als wenn man einzig die akzidentellen Beeinflussungen der Sexualität im Leben zur Ätiologie erheben wollte, wenn sich doch die Aufklärung ergibt, daß das Wesen dieser Erkrankungen nur in einer Störung der Sexualvorgänge im Organismus gelegen ist.

Wien, im Juni 1905

Made in the USA
Middletown, DE
26 December 2022

20445724R00035